Lektürehilfen



E.T.A. Hoffmann

# Der Sandmann

von Peter Christian Giese

Klett Lerntraining

Dr. Peter Christian Giese, Studiendirektor an einem Berliner Gymnasium unterrichtet die Fächer Deutsch und Französisch.
Die Zusammenfassungen wurden von der Redaktion Klett Lerntraining erstellt.

Die Textzitate folgen der Ausgabe: Editionen für den Literaturunterricht. Hoffmann, E.T.A.: Der Sandmann. Textausgabe mit Materialien. 978-3-12-352432-5. Ernst Klett Verlag. Stuttgart, Leipzig 2010.

Bibliografische Information der Deutschen Nationalbibliothek
Die Deutsche Nationalbibliothek verzeichnet diese Publikation in der Deutschen Nationalbibliografie; detaillierte bibliografische Daten sind im Internet über http://dnb.d-nb.de abrufbar.

Auflage 5 4 3 | 2016 2015 2014
Die letzten Zahlen bezeichnen jeweils die Auflage und das Jahr des Druckes.


www.klett.de
Umschlagfoto: Ullstein Bild GmbH, Berlin
Satz: DOPPELPUNKT, Stuttgart
Druck: Beltz, Langensalza
Printed in Germany
ISBN 978-3-12-923071-8

9 783129 230718

# Inhalt

# Vorbemerkung

*Der Sandmann* gilt – neben dem *Goldnen Topf* und *Prinzessin Brambilla* – als eine der bedeutendsten Erzählungen E.T.A. Hoffmanns. Sie hat bekanntlich die Anregung für Jacques Offenbachs Oper *Hoffmanns Erzählungen* geliefert. Es gibt Léo Delibes' Ballett *Coppélia* sowie etliche Verfilmungen. Viele Maler und Zeichner haben das Werk illustriert (z.B. auch Alfred Kubin). Der interessierte Leser kann zwischen erstaunlich vielen Ausgaben wählen. Auch an literaturwissenschaftlichen Deutungen herrscht nicht nur kein Mangel, vielmehr verweist die Zahl der erschienenen Studien auf ein stetig wachsendes Interesse an dieser Erzählung, die bereits Sigmund Freud zu einer spektakulären Interpretation (*Das Unheimliche*, 1919) herausgefordert hatte.

Worin besteht die anhaltende Faszination des *Sandmanns*? Vor allem wohl in der schillernden Vielfalt der erzählerischen Aspekte. *Der Sandmann* kann gelesen werden als modellhafte Gestaltung des „Unheimlichen" wie des „Grotesken", als psychopathologische Fallstudie wie als Künstlernovelle, als tragische Liebesgeschichte wie als düster-triviales Horrorstück, als kritische Auseinandersetzung mit Aufklärung und Romantik wie als Muster spezifisch „romantischer Ironie". Aufbau und Erzählperspektive sind nicht weniger interessant als die verschiedenen inhaltlichen Motive, und die Tatsache, dass *Der Sandmann* unterschiedliche Interpretationen nicht nur zulässt, sondern geradezu erzwingt, bestätigt nur den überragenden Rang dieser Erzählung.

# Der inhaltliche Aufbau

Die Erzählung *Der Sandmann* ist nicht in Kapitel unterteilt, gleichwohl ist sie erkennbar gegliedert. Sie beginnt mit einem „dokumentarischen“ Teil, der aus drei kommentarlos vorgelegten Briefen besteht und ungefähr ein Drittel des Gesamttextes ausmacht. Der erste Brief, mehr als doppelt so lang wie die folgenden, ist in Umfang und Gehalt der wichtigste Teil der Exposition.

## Nathanael an Lothar (S. 3–11)

| **Das wiedererweckte Kindheitstrauma**<br>➙ Nathanael schreibt nach Hause und berichtet über ein entsetzliches Erlebnis. Er hat in einem Besucher, der sich Coppola nennt, den Sandmann Coppelius seiner Kindheitstage wiedererkannt.<br>➙ Dieses Erlebnis wirkt auf neutrale Betrachter banal. Der Rückblick auf abendliche Familienszenen erklärt aber das Entsetzliche.<br>➙ Als Kind wurde Nathanael zu Bett geschickt, weil der Sandmann kommt, der Kindern Sand in die Augen streut, die dann „blutig aus dem Kopf springen“.<br>➙ Nathanael erkennt in dem vermeintlichen Sandmann einen realen Menschen, den Advokaten Coppelius, der mit seinem Vater nächtliche Experimente durchführt.<br>➙ Nathanael wird beim Beobachten der Experimente entdeckt und er meint, dass seine Hände und Füße abgeschraubt werden, wie bei einer leblosen Puppe.<br>➙ Nathanaels Vater stirbt bei einem Experiment.<br>➙ Für den Leser bleibt unklar, was wirklich passiert ist. | Nathanael an Lothar |
|---|---|

Nathanael hat lange nicht nach Hause geschrieben (3)

Der Anfang ist konventionell: Ein junger Mann schreibt nach Hause und entschuldigt sich dafür, dass er „so lange – lange nicht geschrieben“. Er wehrt sich gegen mögliche Verdächtigungen („Clara mag glauben, ich lebe hier in Saus und Braus“), indem er versichert, nach wie vor der Lieben zu Haus zu gedenken, und zwar „täglich und stündlich“. Warum er sich dennoch nicht früher gemeldet habe? Wegen einer „zerrissenen Stimmung des Geistes“, denn: „Etwas Entsetzliches ist in mein Leben getreten!“ Die Erläuterung bleibt zunächst vage und geheimnisvoll, überrascht dann aber durch konkrete Angaben zu Raum, Zeit und Person, mit denen das „Entsetzliche“ in der Alltagswirklichkeit situiert wird:

Das entsetzliche Erlebnis (3)

> „Kurz und gut, das Entsetzliche, was mir geschah, dessen tödlichen Eindruck zu vermeiden ich mich vergebens bemühe, besteht in nichts anderm, als dass vor einigen Tagen, nämlich am 30. Oktober mittags um 12 Uhr, ein Wetterglashändler in meine Stube trat und mir seine Ware anbot. Ich kaufte nichts und drohte, ihn die Treppe herabzuwerfen, worauf er aber von selbst fortging.“

Dass diese Begebenheit auf jeden unbefangenen Betrachter eher banal wirken muss, ist Nathanael bewusst. Er kann sich als Reaktion sogar vorstellen, dass man ihn wegen solcher „Kindereien“ verlachen werde. Umso notwendiger und dringlicher ist daher sein Wunsch, sich verständlich zu machen, und er muss dabei auf weit zurückliegende Ereignisse aus seiner „frühern Jugendzeit“ zu sprechen kommen, was ihm keineswegs leichtfällt. „Mit aller Kraft“ wolle er sich zu einem ruhigen und geduldigen Erzählen zwingen; geradezu gewaltsam reißt er sich aus seiner gegenwärtigen Verzweiflung los und macht sich selber Mut, um mit seiner Kindheitsgeschichte überhaupt beginnen zu können: „Nun fort zur Sache!“

Rückblick auf die abendliche Familienszenerie (4)

Mit dem ersten Satz des dritten Absatzes wechselt das Tempus zum Präteritum der Erzählung. Nathanael erinnert sich, wie der Vater ihm und seiner Schwester nach dem Abendessen oft „viele wunderbare Geschichten“ erzählte, und zwar mit solcher inneren Beteiligung, „dass ihm die Pfeife immer ausging“, oft aber auch den Kindern lediglich Bilderbücher in die Hände drückte und selbst dabei „stumm und starr in seinem Lehnstuhl“ saß, an jenen Abenden nämlich, an denen er noch einen späten Besucher erwartete. Für die Kinder hieß das, von der Mutter in altersgemäßer Metaphorik formuliert: „Nun Kinder! – zu Bette! zu Bette! der Sandmann kommt, ich merk’ es schon.“ Zu diesem Klang des Wortes „Sandmann“ trat dann als akustischer Eindruck „jenes dumpfe Treten und Poltern“ hinzu, mit dem Nathanael des Vaters Gast „schweren langsamen Tritts die Treppe he-

Die Wahrnehmung des Sandmanns als akustisches Phänomen (4 f.)

raufpoltern" hörte. Nathanaels einmal geweckte Neugierde lässt sich durch die wohlgemeinte Aufklärung der Mutter („Es gibt keinen Sandmann") nicht befriedigen, denn der späte Gast ist ja nach wie vor auf der Treppe zu hören. Sehr viel eindrucksvoller als die nüchternrationale Erläuterung der Mutter klingt die phantastische Sandmann-Theorie der Kinderfrau, der Nathanael bereitwillig Glauben schenkt: Der Sandmann sei „ein böser Mann". Er werfe den Kindern, die nicht rechtzeitig zu Bett gehen wollen, „Händevoll Sand in die Augen, dass sie blutig zum Kopf herausspringen", sammle die Augen dann auf, um sie „in den Halbmond zur Atzung für seine Kinderchen" zu tragen. Diese furchtbare Geschichte lässt in Nathanaels Innern ein „Bild des grausamen Sandmanns" entstehen, das auch dann noch lebendig bleibt, als er, einige Jahre älter geworden, den Glauben an das Ammenmärchen verloren hat. Der sensible Junge gibt sich mehr und mehr seinen Phantasien hin, hatte ihn der Sandmann doch „auf die Bahn des Wunderbaren, Abenteuerlichen gebracht, das so schon leicht im kindlichen Gemüt sich einnistet". Nathanaels Interesse beschränkt sich nicht darauf, nur rezeptiv „schauerliche Geschichten von Kobolden, Hexen, Däumlingen usw. zu hören oder zu lesen". Vielmehr beginnt er damit, den Sandmann „in den seltsamsten, abscheulichsten Gestalten überall auf Tische, Schränke und Wände mit Kreide, Kohle" zu zeichnen. Natürlich genügt ihm das nicht. Immer unwiderstehlicher wird der Drang, endlich mit eigenen Augen „zu sehen", was bisher nur als Bild der Phantasie existierte. Mit der Neugierde wächst auch der Mut, und eines Abends – Nathanael ist inzwischen zehn Jahre alt und in ein Kämmerchen nahe dem Zimmer seines Vaters umquartiert worden – versteckt er sich und erkennt, wer es ist, der zu geheimnisvoller Zusammenkunft ins Zimmer des Vaters tritt:

Das Gruselmärchen der Kinderfrau (4 f.)

Nathanael macht sich ein Bild vom Sandmann (5)

Erste Versuche Nathanaels, das innere Bild vom Sandmann künstlerisch zu verarbeiten (5 f.)

> „Der Sandmann, der fürchterliche Sandmann ist der alte Advokat Coppelius, der manchmal bei uns zu Mittag isst!"

Die Tatsache, dass es sich hier um einen Menschen handelt, den Nathanael aus der Alltagswirklichkeit kennt, lässt also keineswegs – wie der Leser vermuten könnte – Nathanaels jahrelange Identifikation des nächtlich polternden Besuchers mit der grausigen Phantasiegestalt

Porträt des Coppelius (7)

des Sandmanns jäh und endgültig zusammenbrechen, sondern diese scheint Nathanael im Gegenteil nun ein für allemal bestätigt. Um das zu begründen, unterbricht der Briefschreiber die Chronologie des Erzählens und beschreibt ausführlich Aussehen und Verhalten des Coppelius sowie seine Wirkung auf Eltern und Kinder. „Die ganze Figur war überhaupt widrig und abscheulich", d. h. Coppelius ist mit seinem „unförmlich dicken Kopf", dem „erdgelben Gesicht", der „über die Oberlippe gezogenen Nase", dem „schiefen Maul", den „knotigten, haarigten Fäusten" usw. hässlich, zugleich aber grotesk, da er „immer in einem altmodisch zugeschnittenen aschgrauen Rocke, ebensolcher Weste und gleichen Beinkleidern" erscheint und eine lächerlich kleine Perücke trägt, deren Kleblocken „hoch über den großen roten Ohren" standen. Vor allem aber geht von ihm etwas Feindlich-Bedrohliches aus, wenn unter den „buschigten grauen Augenbrauen" ein Paar „grünliche Katzenaugen stechend hervorfunkeln" und bei seinem hämischen bzw. teuflischen Lachen „ein seltsam zischender Ton" durch die „zusammengekniffenen Zähne" fährt. Die Kinder haben nicht allein unter seinem abschreckenden Erscheinungsbild zu leiden. Sie dürfen in Coppelius' Gegenwart „keinen Laut" von sich geben, und überdies versteht es der Mittagsgast, ihnen „mit Bedacht und Absicht" den Geschmack an den Speisen zu verderben, indem er sie unter einem Vorwand berührt, sodass sie sie „nicht mehr genießen mochten vor Ekel und Abscheu". Kurzum: Wo Coppelius ist, da bewirkt er Entsinnlichung, Verkrampfung, Erstarren des Lebens, so auch bei der Mutter, deren „heiteres unbefangenes Wesen" sich „in traurigen, düstern Ernst" umwandelt, und beim Vater, der seinen Gast unterwürfig als ein „höheres Wesen" anzusehen scheint, „dessen Unarten man dulden und das man auf jede Weise bei guter Laune erhalten müsse".

Mittagessen mit Coppelius (7)

Nach einer Art Zwischenbilanz, mit der Nathanael die Identität von Sandmann und Coppelius plausibel gemacht zu haben glaubt, kehrt er mit den Worten „Ich war festgezaubert" in die erinnerte Handlungschronologie zurück, nämlich zu jener Szene, in der er aus seinem Versteck heraus den Vater und Coppelius bei ihren nächtlichen Experimenten an Flamme und Herd beobachtet.

Die heimliche Beobachtung der nächtlichen Experimente (8)

Sein Entsetzen steigert sich, als er zu erkennen meint, wie sich das Aussehen des Vaters in der Zusammenarbeit mit Coppelius verändert, indem sich „seine sanften ehrlichen Züge zum hässlichen widerwärtigen Teufelsbilde" verziehen, was ihn „dem Coppelius ähnlich" macht. Als Nathanael nun auch noch „Menschengesichter ringsumher" wahrnimmt, die an der Stelle der Augen nur „scheußliche, tiefe schwarze Höhlen" haben, löst sich das angestaute Grauen in einem Schrei, der zu seiner Entdeckung führt. Der Höhepunkt des Schreckens indes kommt erst noch, wobei sich dem Briefschreiber Nathanael in der Darstellung des Kindheitserlebnisses selbst nach mehreren Jahren Abstand tatsächliches Erleben und wahnhafte Überhöhung ununterscheidbar mischen: Coppelius habe ihn seiner Augen berauben wollen, sei durch die flehentlichen Bitten des Vaters davon abgehalten worden, habe ihm aber dann – gleich einer leblosen Puppe oder einem Automaten – Hände und Füße abgeschraubt und „bald hier, bald dort" wieder eingesetzt. Die Folge sind Ohnmacht, wochenlanges Fieber sowie der Glaube, dass „ein dunkles Verhängnis wirklich einen trüben Wolkenschleier" über sein Leben gehängt habe, den er „vielleicht nur sterbend zerreiße".

Nathanael als entmenschte Gliederpuppe (9)

Nach etwa einem Jahr taucht der zwischenzeitlich verschwundene Coppelius erneut auf, um den Vater zu besuchen, „zum letzten Male", wie dieser bedeutungsschwer und doppelsinnig verspricht. Das neuerliche nächtliche Experiment endet damit, dass Nathanaels Vater „tot mit schwarz verbranntem grässlich verzerrtem Gesicht" daliegt. Der Sohn bezichtigt Coppelius des Mordes („verruchter Satan, du hast den Vater erschlagen!") und ist seelisch erleichtert, als die Gesichtszüge des Toten nach zwei Tagen „wieder mild und sanft geworden" sind, was ihm der Beweis dafür dünkt, „dass sein Bund mit dem teuflischen Coppelius ihn nicht ins ewige Verderben gestürzt haben könne". Coppelius sei nach diesem Vorfall „spurlos vom Orte verschwunden", so endet die Kindheitsgeschichte Nathanaels – nun aber, und hier kommt der Briefschreiber auf die Gegenwart und den Anlass seines Briefes zurück, sei er wieder da, gebe sich „für einen piemontesischen Mechanikus aus", nenne sich Giuseppe Coppola und sei auch anders ge-

Der Tod des Vaters (10)

Anspielungen auf einen Teufelspakt (10 f.)

Nathanael erkennt in Coppola den „Sandmann" Coppelius wieder (11)

kleidet, doch bestehe für ihn kein Zweifel an der Identität des Wetterglashändlers mit Coppelius, dem „Sandmann“.

Verunsicherung des Lesers

Der Leser ist nach der Lektüre des Briefes irritiert: Soll er nun mit Nathanael glauben, Coppelius und Coppola seien dieselbe Person, oder soll er annehmen, dass eine zufällige physiognomische Ähnlichkeit in Nathanael die Schrecken seiner Kindheit wiederaufleben ließ? Zwar kennt der Leser den Titel der Erzählung, aber noch immer weiß er nicht, ob es sich bei jener Figur um eine fremde dämonische Macht handelt, die auch außerhalb von Nathanaels Vorstellung existiert. Dabei ist die Glaubwürdigkeit des Briefschreibers nicht das einzige Problem. Vielmehr fühlt sich der Leser in die Erzählung hineingezogen, ohne klar zu wissen, auf welchen Wirklichkeitsbegriff er sich dabei einzustellen hat: Erhebt das Wunderbare, Traumhafte, Entsetzliche der Geschichte hier – wie in anderen Erzählungen und Märchen der Romantik – den Anspruch auf „Wirklichkeit“, oder aber ist die tatsächliche, normale Realität die Basis der Erzählung und Nathanaels Wahrnehmung eine wunderliche oder krankhafte Abweichung von ihr?

Wie „realistisch“ ist die Erzählung?

## Clara an Nathanael (S. 11 – 14)

| Clara an Nathanael | **Rationale Erklärung der Begebenheiten**<br>→ Clara gesteht Nathanael, dass sie den falsch adressierten Brief gelesen hat.<br>→ Sie beschwichtigt Nathanael. Alles Entsetzliche sei nur in seiner Phantasie passiert. Der Tod des Vaters sei sicher natürlich erklärbar.<br>→ Clara erklärt den Wirkungsmechanismus dunkler Mächte durch den Glauben an sie. |
|---|---|

Nathanaels falsch adressierter Brief (11 f.)

Clara teilt Nathanael mit, dass er seinen langen, ihrem Bruder Lothar zugedachten Brief an sie adressiert habe und dass sie ihn auch nach und trotz der Entdeckung des „Irrtums“ zu Ende gelesen hat. (Insofern ist sie in Bezug auf das Briefgeheimnis in derselben Rolle wie der Leser der Erzählung, was dessen Neigung, sich mit ihren

Wertungen zu identifizieren, unterstützen mag.) Clara versichert Nathanael, wie sehr sein Brief sie erschüttert habe, macht aber dann kein Hehl aus ihrer Meinung, dass „alles Entsetzliche und Schreckliche" nur in seinem Innern vorgegangen sei, „die wahre wirkliche Außenwelt aber daran wohl wenig Teil hatte". Bei ihrem Versuch, Nathanael eine nüchterne und undramatische Deutung seiner Erlebnisse nahezubringen, gebraucht sie Wendungen wie „Natürlich verknüpfte sich nun", „war wohl nichts anders, als", „hat wohl gewiss" und beruft sich auf die von einem „erfahrnen Nachbar Apotheker" eingeholten wissenschaftlichen Auskünfte: „Ei allerdings" sei es möglich, dass Nathanaels Vater durch eine beim chemischen Experimentieren entstandene Explosion getötet wurde, dämonisch-teuflischer Einwirkung habe es dabei nicht bedurft.

Die Rhetorik der Beschwichtigung (12)

Der Leser wird sich Claras Argumentation kaum entziehen können, sie ist sachlich plausibel und psychologisch schlüssig, leugnet nicht einmal das Vorhandensein dunkler Mächte, sondern erklärt deren Wirkungsmechanismus damit, dass „nur der Glaube an ihre feindliche Gewalt" sie entstehen lässt, und ihre Gefährlichkeit damit, dass sie „unser Selbst werden".

Beruhigung des Lesers

## Nathanael an Lothar (S. 14 – 16)

**„Ganz beruhigt bin ich nicht"**

- Nathanael ist verstimmt über Claras verständigen Brief.
- Er berichtet Lothar von Professor Spalanzani und dessen schöner Tochter Olimpia, deren Augen „etwas Starres" hätten.

Nathanael an Lothar

Nathanael wendet sich an Lothar mit Worten ironischer Anerkennung für Claras Fähigkeit, „so gar verständig, so magistermäßig distinguieren" zu können. Er zeigt sich verstimmt über ihren „fatalen verständigen Brief", ist aber nicht unbeeindruckt geblieben, denn ob der mittlerweile aus der Stadt verschwundene Coppola mit dem alten Advokaten Coppelius seiner Kinderzeit identisch sei, weiß er jetzt selbst nicht mehr genau. Ein Rest Beun-

Nathanael ist über Clara verstimmt

ruhigung ist zwar noch da, aber dann redet Nathanael von ganz anderem, von Professor Spalanzani und dessen schöner Tochter Olimpia. Bei ihrem Anblick sei ihm „ganz unheimlich" geworden, weil ihre „Augen etwas Starres" hätten. Im Übrigen werde er darüber bald ausführlicher mündlich erzählen können, in spätestens vierzehn Tagen reise er wieder nach Hause.

Die starren Augen der schönen Olimpia (15 f.)

Der Leser, noch unter dem Eindruck von Claras Brief, wird Nathanaels Entschluss zur Rückkehr als vernünftig und befreiend empfinden. Die Bedeutung, die der hier zum ersten Male erwähnten Olimpia im Verlauf der Erzählung noch zukommen wird, vermag er indes wohl noch nicht einzuschätzen. Daher entgehen ihm womöglich auch die positiven und negativen Entsprechungen zwischen Clara und Olimpia: ein „süßes liebes Engelsbild" die eine, ein „engelschönes Gesicht" bei der anderen, die „hellen holdlächelnden Kindesaugen" Claras im Kontrast zu denen Olimpias, die „keine Sehkraft" zu haben scheinen, Claras Verstandesgaben, während Olimpia „vielleicht blödsinnig" ist.

Entspannte Reaktion des Lesers

Wie auch immer der Leser sich den Fortgang der Geschichte vorstellen mag, mit Sicherheit rechnet er nicht damit, dass sich gleich der Erzähler zu Wort meldet, um ihn, den Leser, als eine Art Kollegen direkt anzusprechen.

## Der Erzähler an den Leser (S. 16 – 19)

| Der Erzähler an den Leser | **„Nichts wunderlicher und toller als das wirkliche Leben"**<br>→ Der Erzähler wendet sich an den Leser und gesteht, er habe drei Briefe an den Anfang gesetzt, weil er beschlossen habe, „gar nicht anzufangen".<br>→ Der Erzähler porträtiert Clara und reicht die Information nach, dass Clara und Nathanael wie Geschwister aufgewachsen waren. |
|---|---|

Der Leser wird mit der Behauptung überrumpelt, ihm sei es doch sicher auch schon so ergangen, dass er etwas erlebt habe, was ihm „Brust, Sinn und Gedanken ganz und gar erfüllte, alles andere daraus verdrängend", doch dann seien die Schwierigkeiten gekommen, „das innere Gebilde“ in die rechten Worte zu fassen und überhaupt einen Anfang zu finden. Nun, in eben dieser Situation habe sich auch der Erzähler befunden, und weil er den Leser gleich anfangs „geneigt machen musste, Wunderliches zu ertragen, welches nichts Geringes ist“, habe er drei verschiedene Möglichkeiten des Erzählbeginns erwogen, dann aber beschlossen, „gar nicht anzufangen“. So müsse denn der Leser die drei Briefe, die Freund Lothar zur Verfügung gestellt habe, „für den Umriss des Gebildes“ nehmen, in das der Erzähler nun „immer mehr und mehr Farbe hineinzutragen [sich] bemühen werde“. Nichts sei wunderlicher und toller als das wirkliche Leben, aber der Dichter könne es doch nur „wie in eines matt geschliffnen Spiegels dunklem Widerschein“ erfassen.

Exkurs über das Erzählen (16)

Nach diesem Exkurs reicht der Erzähler die Information nach, dass Clara und Nathanael wie Geschwister aufgewachsen waren, dass gegen ihre „heftige Zuneigung“ aber gleichwohl „kein Mensch auf Erden etwas einzuwenden“ gehabt hätte. Nun wäre es an der Zeit, mit der Erzählung fortzufahren, aber der Erzähler verzögert noch einmal seinen Einsatz mit der Behauptung, dass ihm gerade Claras Bild so lebendig vor Augen stehe, dass er gar nicht wegschauen könne. Umso überraschender dann die Feststellung, dass Clara keineswegs schön sei, und seltsamer noch, dass der Erzähler sein Bild von Clara so wenig eigenständig entwickelt, vielmehr sich auf die Wiedergabe dessen stützt, was Architekten, Maler und Dichter über Clara zu sagen haben. Auf diese Weise entsteht jedenfalls ein insgesamt wohlwollendes, im Einzelnen ausgewogenes Porträt: Einerseits habe Clara „die lebenskräftige Fantasie des heitern unbefangenen, kindischen Kindes“ sowie „ein tiefes weiblich zartes Gemüt“, andererseits „einen gar hellen scharf sichtenden Verstand“, den sie ironisch gegen so genannte „Nebler und Schwebler“ einzusetzen weiß. Sie werde darum von den einen, besonders natürlich von Nathanael, geschätzt und geliebt, allerdings auch „von vielen kalt, gefühllos, prosaisch gescholten“.

Das Porträt Claras (18 f.)

## Nathanael und Clara (S. 19–23)

| Nathanael und Clara | **Eine gefährdete Beziehung**<br>➞ Der Erzähler beginnt als allwissender Gewährsmann die Geschichte weiterzuerzählen.<br>➞ Nathanael und Clara entfremden sich immer mehr.<br>➞ Nathanael versucht in einem Gedicht seine Ahnung, Coppelius werde sein Liebesglück zerstören, darzustellen. Clara möchte, dass er das Gedicht ins Feuer wirft.<br>➞ Nach einem Streit mit Clara und anschließender Versöhnung kehrt Nathanael in seine Universitätsstadt zurück. |
|---|---|

Wachsende Entfremdung zwischen Nathanael und Clara (19 f.)

Nathanaels Gedicht (21 f.)

Nun endlich übernimmt der Erzähler die erwartete Rolle, indem er die Initiative ergreift, um als allwissender Gewährsmann dem Leser die Geschichte Nathanaels weiterzuerzählen. Gleich nach der Rückkehr Nathanaels wird deutlich, dass er sich „in seinem ganzen Wesen durchaus verändert" hat. Das „ganze Leben war ihm Traum und Ahnung geworden", er spricht viel von bösen, finsteren Mächten und leugnet die Möglichkeit der menschlichen Selbstbestimmung. Clara hält dies für „mystische Schwärmerei", ist verstimmt und von Nathanaels Dichtungen gelangweilt, während Nathanaels Unmut über Claras negative Reaktionen wächst, sodass sich die beiden Liebenden immer mehr auseinanderleben. Die Krise in ihrer Beziehung ist ihnen vorerst nur halb bewusst, als Nathanael den Versuch unternimmt, „jene düstre Ahnung, dass Coppelius sein Liebesglück stören werde, zum Gegenstand eines Gedichts zu machen". In dem Gedicht wird dargestellt, wie Coppelius vor dem Traualtar „Claras holde Augen" berührt, sodass sie „in Nathanaels Brust wie blutige Funken sengend und brennend" springen und dieser selbst in einen „Feuerkreis" stürzt, aus dem er erst durch den „Tod, der mit Claras Augen ihn freundlich anschaut", befreit werden kann. Dieses Gedicht liest Nathanael Clara vor, obwohl ihm selbst nicht ganz klar ist, „wozu es denn nun eigentlich führen solle, sie mit den grauenvollen Bildern zu ängstigen, die ein entsetzliches, ihre Liebe zerstörendes Geschick weissagten". Claras Reaktion, er solle „das tolle – unsinnige – wahnsinnige Märchen ins

Feuer“ werfen, führt dann zum offenen Zerwürfnis. Nathanael entzweit sich mit Clara, die er als „lebloses, verdammtes Automat“ beschimpft, und mit Lothar, den er einen „miserablen, gemeinen Alltagsmenschen“ nennt, der Streit spitzt sich zu, und Clara kann erst im letzten Augenblick das Duell der beiden Männer verhindern. Darauf kommt es zu einer rührenden Verzeihungs- und Versöhnungsszene, wenige Tage später aber kehrt Nathanael in die Universitätsstadt G. zurück.

Zerwürfnis, Streit: „Der Zweikampf war unvermeidlich“ (22)

## Nathanael und Olimpia (S. 23–34)

**Die Liebe zum Automaten-Menschen**

- Nathanael bezieht eine neue Wohnung, die genau gegenüber der Wohnung von Olimpia liegt.
- Von Coppola kauft Nathanael ein Fernrohr ab, mit dem er Olimpia beobachtet. Er verliebt sich immer mehr in Olimpia und vergisst Clara.
- Auf einem Ball tanzt er mehrmals mit Olimpia. Seine Studentenfreunde können seine Empfindungen für die automatenhafte Olimpia nicht verstehen.
- Als Nathanael um Olimpias Hand anhält, kämpfen Olimpias Vater Spalanzani und Coppelius/Coppola um die leblose Puppe Olimpia.
- Coppelius/Coppola siegt. Nathanael greift ein und würgt Spalanzani fast zu Tode, bevor er ins „Tollhaus“ abgeführt wird.

Nathanael und Olimpia

Nathanael findet sein Haus in G. niedergebrannt und seine Bücher, Manuskripte, Instrumente usw. aber vollständig in eine neue Wohnung getragen, die dem Zimmer genau gegenüberliegt, in dem Olimpia, die schöne Tochter des Professors Spalanzani, zu sehen ist. Gerade in dem Augenblick, als Nathanael an Clara schreiben will, tritt Coppola ins Zimmer. Er entsetzt Nathanael durch seine Ware, die auf einem Tisch ausgelegten Brillengläser, aus denen diesem „tausend Augen“ entgegenzublicken scheinen, die „blutrote Strahlen in Nathanaels Brust“ schießen.

Zufall oder „Arrangement“? Nathanaels neue Wohnung (24)

Das neue Perspektiv – „zu teuer bezahlt!" (26)

Nathanael kauft schließlich ein kleines Perspektiv (Fernrohr). Zwar befürchtet er, als er den weggehenden Coppola auf der Treppe laut lachen hört, dass er „ihm das kleine Perspektiv gewiss viel zu teuer bezahlt habe", doch als er es ausprobiert und auf Olimpia richtet, ist er „wie festgezaubert": nun erst erschließt sich ihm ihre ganze Schönheit, und es scheint ihm sogar, „als gingen in Olimpias Augen feuchte Mondesstrahlen auf", ja als würde in den einstmals so starren und toten Augen „nun erst die Sehkraft entzündet". In dem Maße, wie Nathanael sich in Olimpia verliebt, ist ihm ein neuer „herrlicher Liebesstern" aufgegangen und Claras Bild „ganz aus seinem Innern gewichen".

Konzert und Ball bei Spalanzani (27–30)

Auf einem Ball im Hause Spalanzani trägt Olimpia „eine Bravour-Arie mit heller, beinahe schneidender Glasglockenstimme vor". Nathanael tanzt mehrmals mit ihr, und weder ihre eiskalten Hände noch die ihr eigene „rhythmische Festigkeit", noch auch die einsilbigen Seufzer „Ach – Ach – Ach!", aus denen ihre ganze Konversation besteht, hindern ihn daran, ihr seine Liebe zu gestehen. Dass die studentischen Freunde an Olimpia nur „totalen Stumpfsinn" entdecken und sie belachen oder dass es ihnen, wie z. B. Siegmund, „ganz unheimlich geworden" ist, weil es ihnen so vorkommt, „als tue sie nur so wie ein lebendiges Wesen", weckt lediglich Nathanaels Unmut und führt keinen Sinneswandel herbei:

Olimpia in der Perspektive Nathanaels und in der seiner Freunde (30 f.)

> „Wohl mag euch, ihr kalten prosaischen Menschen, Olimpia unheimlich sein. Nur dem poetischen Gemüt entfaltet sich das gleich organisierte! – Nur *mir* ging ihr Liebesblick auf und durchstrahlte Sinn und Gedanken, nur in Olimpias Liebe finde ich mein Selbst wieder."

Olimpia als Spiegel von Nathanaels Selbst (32)

Immer unentbehrlicher wird Olimpia für Nathanael, nur von ihr fühlt er sich „ganz verstanden". In ihr findet er das tiefe Gemüt, „in dem sich [sein] ganzes Sein spiegelt", sie ist die ideale Zuhörerin, der er stundenlang aus seinen Werken vorlesen kann, ohne dass sie ermüdete, ihre wenigen Worte scheinen ihm „aus seinem Innern selbst herausgetönt", doch vor allem der „Blick ihres himmlischen Auges sagt [ihm] mehr als jede Sprache hienieden".

Als Nathanael um Olimpias Hand anhalten will, hört er schon auf der Treppe „Spalanzanis und des grässlichen Coppelius Stimmen" im Streit und muss dann den Kampf der beiden Männer um die „leblose Puppe" Olimpia miterleben, aus dem Coppelius/Coppola als Sieger hervorgeht und die augenlose Figur „mit fürchterlich gellendem Gelächter" die Treppe hinunterschleift. Die Augen Olimpias, auf die vermutlich das Blut des verletzten Spalanzani gekommen ist, liegen auf dem Boden. Als Spalanzani sie ergreift und gegen Nathanaels Brust schleudert, packt diesen „der Wahnsinn mit glühenden Krallen": er brüllt und tobt und würgt den Professor fast zu Tode, bevor er von mehreren eindringenden Menschen überwältigt und „nach dem Tollhause gebracht" wird.

Die blutigen Augen der zerstörten Puppe (33)

Der Ausbruch des Wahnsinns bei Nathanael (34)

Wie hat der Leser den Verlauf der Olimpia-Episode wahrgenommen? Sicher hat er die vielfältigen Parallelen und Bezüge registriert, z. B. dass Nathanael durch Coppolas Perspektiv in den Anblick Olimpias „festgezaubert" wird wie einst als Kind in die Beobachtung der nächtlichen Experimente, oder auch, dass sich in dem Motiv der gegen Nathanaels Brust geworfenen Augen und des „Feuerkreises" ja nur verwirklicht, was in Nathanaels Gedicht poetische Prophezeiung war. Die Entwicklungsgeschichte Nathanaels bis hin zum offenen Wahnsinn hat eine seltsame Folgerichtigkeit, die der Leser nachvollziehen kann. Doch bleibt die entscheidende Frage ungelöst: Verfällt der Held in Wahnsinn, weil dieser seit langem schon in seinem Innern angelegt war, oder aber wird er durch unheimlich-objektive Einwirkung von außen in den Wahnsinn getrieben? Wie ist es zu bewerten, dass selbst der Erzähler an einer Stelle Coppelius mit Coppola zu identifizieren scheint, und wie, dass auch Spalanzani von Coppelius spricht, der Nathanael die Augen gestohlen habe? Wo hört der „objektive" Bericht auf, wo wird aus der Perspektive Nathanaels heraus erzählt?

Wachsende Erkenntnis und wachsende Ratlosigkeit des Lesers

## Der Erzähler an den Leser (S. 34 – 35)

| Der Erzähler an den Leser | **Die Olimpia-Betrug und sein moralisch-didaktischer Nutzen**<br>➟ Der Erzähler unterbricht die Geschichte und beschreibt in einem Exkurs, wie er den Olimpia-Skandal in ästhetischen Teegesellschaften verarbeiten wird. |
|---|---|

Zum Verhältnis von Puppe und Mensch (35)

Der Erzähler unterbricht die Geschichte an einem Höhepunkt, um in einem satirisch-ironischen Exkurs zu beschreiben, wie der Olimpia-Skandal in den ästhetischen Teegesellschaften verarbeitet wird. Alle sind sie getäuscht worden, alle haben sie die Puppe durchaus für einen lebendigen Menschen gehalten, doch alle wollen sie von Anfang an bestimmte verdächtige Merkmale wahrgenommen haben, z. B. dass Olimpia weit häufiger geniest als gegähnt habe. Mit boshafter Ironie vermerkt der Erzähler, wie die Gesellschaft an ihren mechanisch-automatenhaften Konventionen des Umgangs festhält, diese aber durch geplante Spontaneität auflockern will, indem neuerdings „unglaublich gegähnt und niemals genieset [wird], um jedem Verdacht zu begegnen", man selbst sei kein richtiger Mensch.

## Rückfall in den Wahnsinn und Tod Nathanaels (S. 35 – 37)

| Rückfall in den Wahnsinn und Tod Nathanaels | **Der letzte Auftritt des Coppelius**<br>➟ Nathanael scheint im Kreis der Familie zu genesen.<br>➟ Die Katastrophe wird ausgelöst, als Nathanael auf einem Turm in ein Fernrohr blickt. Er schaut Clara an und glaubt Olimpia zu sehen. Der Versuch, Clara zu töten, wird von Lothar vereitelt. Nathanael kommt Coppelius „in den Blick" und er stürzt sich selbst zu Tode.<br>➟ In einem letzten Bild berichtet der Erzähler von Claras späterem Familienglück. |
|---|---|

Im Schlussabschnitt kommt der Erzähler dem Harmoniebedürfnis des Lesers zunächst weit entgegen. Da sind Nathanael mit seiner Clara sowie die Mutter und die

Freunde zu einer Idylle gruppiert, die Rede ist von Heirat, Glück, Erbschaft und einem „Gütchen in einer angenehmen Gegend unfern der Stadt“, da ist auch „jede Spur des Wahnsinns“ bei Nathanael „verschwunden“, die Welt ist so, wie sie sein könnte oder sollte.

Die Genesung Nathanaels im Schoße der Familie (35 f.)

Die Katastrophe wird, wenn auch unbewusst, von Clara eingeleitet. Auf ihren Vorschlag hin steigen die beiden Liebenden zur Mittagsstunde auf den Turm des Rathauses, sie macht Nathanael auf einen „sonderbaren kleinen grauen Busch“ aufmerksam, und als Nathanael „mechanisch“ (!) nach Coppolas Perspektiv greift, schaut er – zufällig oder einem bestimmten Zwang gehorchend – seitwärts auf Clara. In ihr, die er früher schon einmal mit wütender Übertreibung ein „lebloses, verdammtes Automat“ genannt hatte, erblickt er nun das „Holzpüppchen“, und er will seine „Todesbeute“ vom Turm stürzen. Clara wird gerettet, doch als dem rasenden Nathanael „riesengroß der Advokat Coppelius“ in den Blick kommt, stürzt er sich „mit dem gellenden Schrei: ‚Ha! Sköne Oke – Sköne Oke‘“ in den Tod.

Das Perspektiv zeigt Clara als „Holzpüppchen“ (36)

Nathanaels Tod (37)

Mit dem letzten Bild der Erzählung, welches das spätere Familienglück Claras skizziert, führt der Erzähler den Leser in die Idylle zurück, aber so, als würde er ihr selbst nicht recht trauen …

Glückliche Zukunft für Clara?

# Thematische Aspekte

Worum geht es im *Sandmann*? Um die Geschichte Nathanaels, das ist klar. Und was ist das bestimmende Thema? Hier fällt die Antwort weniger leicht. Denn der *Sandmann* ist – wie jeder literarische Text (lat. *textum* ‚Gewebe') – ein Geflecht verschiedener Formen und Themen, da sind vielerlei „Fäden" ineinandergewebt. Diese aufzunehmen und einzeln zu betrachten ist vermutlich wichtiger, als von vornherein nur nach dem einen thematischen Leitfaden zu suchen.

## Wahnsinn

| Wahnsinn | |
|---|---|
| | → Das Wort „Wahnsinn" kommt im Text nur zweimal vor, es gibt aber eine Fülle von Hinweisen.<br>→ Die Geschichte Nathanaels kann als psychopathologische Fallstudie eines nicht bewältigten Kindheitstraumas gelesen werden.<br>→ Viele Indizien weisen darauf hin, dass Nathanael nicht wahnsinnig ist, sondern eine fremde Macht ihn verfolgt und zerstören will.<br>→ Wahnsinn kann als eine besondere Form von „Wahrsinn" gedeutet werden, die auf die Fähigkeit verweist, Dinge „tiefer zu sehen" als die normalen Menschen.<br>→ Nathanael als Dichter verweist auf die Dimension der „Verrücktheit der Künstler". |

Vom Wahnsinn wird häufig gesprochen, ohne ihn genau zu benennen

Das Wort „Wahnsinn" steht im Text zweimal: „Da packte ihn der Wahnsinn mit glühenden Krallen" (34) heißt es, als Nathanael die Zerstörung der Puppe Olimpia mitansehen muss, und als der Genesende im Schoß der Familie erwacht, wird registriert: „Jede Spur des Wahnsinns war verschwunden." (35) Hinzu kamen ganz zu Anfang die Selbstaussage Nathanaels, dass „es wie toll aus [ihm] heraus" lache (3), und die Wendungen des Erzählers ganz am Schluss über den Rasenden, Wütenden, Tobenden (vgl. 36 f.). Auch zwischen Anfang und Schluss fehlt es nicht an Hinweisen wenn nicht auf akuten Wahnsinn, so doch auf bestimmte Verwirrungen und Spaltungen der Persönlichkeit Nathanaels, wie sie z. B. in seinem Gedicht zum Ausdruck kommen – weshalb Clara ihn denn auch auffordert, „das tolle – unsinnige – wahnsinnige Märchen ins Feuer" zu werfen. (22) Das heißt: von der Sache selbst, Wahnsinn, ist latent mehr oder weniger häufig die Rede, auch wenn die direkte Benennung fehlt.

*Der Sandmann* als klinische Studie eines Wahnsinnigen?

Die Geschichte Nathanaels ließe sich insofern geradezu als psychopathologische Fallstudie lesen, in der über die verhängnisvollen Auswirkungen eines unbewältigten Kindheitstraumas berichtet würde: zunehmender Realitätsverlust, Aggression und Selbstzerstörung. Die Erzählung so zu lesen hieße auf jener kompromisslosen Trennung zwischen Wahnsinn und Normalität zu bestehen, wie sie dem Leser von einer Figur der Erzählung selbst (Clara) bereits nahegelegt wurde. Ja, mehr noch: Nach dieser Lesart wäre „der im Innern zerrissene Nathanael" (37) sozusagen selbst an seinem Wahnsinn ‚schuld', weil – wie die „verständige Clara" in ihrem Brief ausführte – die unheimliche und teuflische Macht nur in dem Maße Wirklichkeit gewinne, wie Nathanael an sie glaubt. Und da Nathanael an sie zu glauben nicht aufhört und es auch sonst an der rechten Lebensheiterkeit fehlen lässt, trüge er eben selbst die Verantwortung für die Verzerrungen seines Inneren bis hin zum Verlust des gesunden Ich.

Die so skizzierte Sicht auf Nathanaels Wahnsinn, wie einseitig und selbstgerecht sie auch sei, wird in der Erzählung nie ausdrücklich außer Kraft gesetzt und gibt dem Leser ein – mögliches – Deutungsinstrument zur Hand. Alles Geschehen wäre demnach rational verstehbar, und die Irritationen, in die der Leser fraglos gestürzt wird, kämen nur dann zustande, wenn die Erzählung ihm auf geschickte Weise die Perspektive Nathanaels aufzwingt. Doch allein schon die Tatsache, dass dies immer wieder gelingt, dass der Leser immer wieder verführt werden kann, die Perspektive Nathanaels als eigene zu übernehmen, ist ein Indiz dafür, dass der klare Trennungsstrich zwischen Vernunft und Wahnsinn vielleicht doch nicht so leicht zu ziehen ist, wie gemeinhin – nicht nur von Clara – angenommen wird.

„Objektive" Ursachen für Nathanaels Wahnsinn

Ein Weiteres kommt hinzu: Es gibt in der Erzählung viele Begebenheiten, die – sofern man sie nicht als bloße „Zufälle" abtun will – dafür sprechen, dass Nathanael den Wahnsinn nicht sozusagen selbsttätig aus seinem Innern entwickelt, sondern dass es wirklich eine fremde äußere Macht ist, die ihn verfolgt und zerstören will. Warum taucht denn z.B. die unheimliche Coppelius/Coppola-Figur immer wieder bei Nathanael auf, in seinem Zimmer, zuletzt dann am Turm? Was ist davon zu halten, dass Nathanael bei seiner Rückkehr in die Universitätsstadt das alte Quartier niedergebrannt, seine Sachen aber vollständig gerettet sieht und just jenes Zimmer bezugsfertig vorfindet, das Olimpias Zimmer genau gegenüberliegt? Und gibt denn der Professor Spalanzani nicht mit eigenen Worten zu („die Augen [dir] gestohlen", 33), dass Nathanaels Befürchtungen, er sei dem Zugriff einer äußeren Gewalt ausgesetzt, nur allzu gerechtfertigt waren?

Wahnsinn als „Wahrsinn"?

Zu erwägen wäre auch, inwieweit Nathanaels Wahnsinn eine besondere Form von „Wahrsinn" darstellt bzw. auf eine Fähigkeit verweist, die Dinge tiefer zu sehen, als es den „normalen" Menschen seiner Umgebung möglich ist. Jedenfalls erweist sich Nathanaels bereits in seinem ersten Brief formulierte Überzeugung, dass „ein dunkles Verhängnis wirklich einen trüben Wolkenschleier über [sein] Leben gehängt hat, den [er] vielleicht nur sterbend zerreiße" (9), als furchtbare Wahrheit – eine *self-fulfilling prophecy*. Gleiches gilt für Nathanaels Überzeugung, die er mit Hartnäckigkeit gegenüber Clara verteidigt, dass „dieser widerwärtige Dämon", nämlich Coppelius, „auf entsetzliche Weise ihr Liebesglück stören werde". (20) Und in Nathanaels Gedicht schließlich sind jene Motive bereits vorweggenommen (der Feuerkreis, die ihm in die Brust springenden Augen), die später für ihn noch schreckliche und ‚reale' Bedeutung gewinnen.

Die Inspiration des Dichters als „göttlicher Wahnsinn"

Die Tatsache nun, dass Nathanael auch als Dichter verstanden werden muss, eröffnet eine weitere Dimension von „Wahnsinn", die als „Verrücktheit der Künstler" bzw. als der so genannte „göttliche Wahnsinn der Dichter" zu beschreiben wäre:

> „Er [Nathanael] ging so weit, zu behaupten, dass es töricht sei, wenn man glaube, in Kunst und Wissenschaft nach selbsttätiger Willkür zu schaffen; denn die Begeisterung, in der man nur zu schaffen fähig sei, komme nicht aus dem eignen Innern, sondern sei das Einwirken irgendeines außer uns selbst liegenden höheren Prinzips." (19 f.)

Diese Behauptung mag der „verständigen Clara" zwar als „mystische Schwärmerei im höchsten Grade zuwider" (20) sein, weil sie sie für den Ausdruck einer rein individuellen Geistesverwirrung hält – und vielleicht hat sie ja auch recht damit. Zugleich aber formuliert Nathanael an dieser Stelle einen Gedanken, der eine lange Tradition hat und seit der Antike immer wieder als feststehender Allgemeinplatz, als so genannter „Topos", zitiert wurde, um das Phänomen des dichterischen „Enthusiasmus" bzw. der poetischen „Inspiration" erklären zu helfen (vgl. Curtius, 1963, S. 467 f.). Die Nachbarschaft, um nicht zu sagen: Verwandtschaft, zwischen Künstlertum und Wahnsinn, wie sie hier akzentuiert wird, ist ein für E.T.A. Hoffmann beunruhigendes Phänomen, und er hat es bekanntlich in mehreren Erzählungen variierend aufgegriffen. (Man denke z. B. an den Einsiedler Serapion, den Kapellmeister Kreisler, den Goldschmied Cardillac u. a.)

Vernunft und Wahnsinn sind nicht scharf zu trennen

Der Wahnsinn Nathanaels wird weder idealisiert, noch wird über ihn als kruden Extremfall sozusagen von oben herab berichtet. Vielmehr stellt sich der „zu dem wunderlichen Geschlechte der Autoren" (17) rechnende Erzähler oft genug auf eine Stufe mit Nathanael, „[s]einem armen Freunde" (16). Und die Tatsache, dass sich im *Sandmann* die Perspektiven von Nathanael, Clara, dem Erzähler so verwirrend überschneiden und mischen, deutet vielleicht auf mehr als nur auf ein erzähltechnisches Raffinement hin: Die Intention der Erzählung zielt nicht zuletzt darauf, die Selbstgewissheit des so genannten gesunden Menschenverstands zu attackieren und den Nachweis zu versuchen, dass „Vernunft" und „Wahnsinn" nicht scharf getrennt und unabhängig voneinander zu sehen sind, sondern dass sie auf das Engste aneinander gebunden sind.

## Das Unheimliche

| Das Unheimliche | |
|---|---|
| | → Der Begriff „unheimlich" ist nicht eindeutig zu bestimmen.<br>→ Unheimlich bedeutet für Nathanael, dass Vertrautes und Vorhersehbares plötzlich fremd und feindlich erscheint.<br>→ Für den Leser überschneidet sich das Problem des Unheimlichen mit dem von Nathanaels Wahnsinn.<br>→ Das Unheimliche für den Leser ist das Ergebnis der Erzählstrategie. Eine bestimmte Deutung des Geschehen wird ihm immer wieder zurückgenommen. Er weiß nicht mehr, was er glauben kann. |

Für Sigmund Freud ist E. T. A. Hoffmann „der unerreichte Meister des Unheimlichen in der Dichtung" (Freud, 1970, S. 257). Diese Behauptung mag stimmen oder auch nicht, was aber ist das eigentlich: das Unheimliche? Wohl kaum eine literarische Kategorie. Andererseits glaubt jeder, der das Wort hört oder liest, ungefähr zu wissen, was damit gemeint sei.

Schwierigkeiten der Begriffsbestimmung

„Unheimlich" im heutigen Sprachgebrauch meint ein nicht näher bestimmtes, unbehagliches, angsteinflößendes Gefühl, das Grauen hervorruft. Diese Definition ließe sich leicht erweitern, indem zum einen der Gegensatz des Unheimlichen zum Heimeligen, Gewohnten, Vertrauten betont und zum anderen die Qualität des Gegensatzes durch Begriffe wie feindlich, gefährlich, bösartig, beunruhigend, beklemmend, entsetzlich, schrecklich usw. ergänzt würde. (Die Liste ist fortsetzbar, vgl. *Deutsches Wörterbuch* von Jacob und Wilhelm Grimm, Bd. 24, München 1984, Sp. 1055 ff.) Wie immer man das Unheimliche zu bestimmen versucht, so bleibt doch als entscheidende Schwierigkeit bestehen, dass der Begriff auf den Gefühlsbereich zielt und sich damit gegen eine allgemein verbindliche Bedeutung sperrt. Das heißt:

Unterschiedliche Wahrnehmung des Unheimlichen

Was für den einen unheimlich ist, ist es für andere keineswegs. Ein Beispiel für diesen Sachverhalt findet sich im *Sandmann* selbst, und zwar an markanter Stelle: Es geht um Olimpia. Während Siegmund („Uns ist Olimpia ganz unheimlich geworden", 30 f.) dem Freund seinen Eindruck erläutert, dass Olimpia nur so tue, als sei sie ein lebendiges Wesen, ist Nathanael („Wohl mag euch, ihr kalten prosaischen Menschen, Olimpia unheimlich sein", ebd.) davon unbeeindruckt und verlässt sich auf sein „poetisches Gemüt", das von Liebe für Olimpia erfüllt ist.

Das Beispiel belegt die Schwierigkeiten, ein übereinstimmendes Urteil über das Unheimliche zu finden. Das heißt indes nicht, dass die Bestimmung des Unheimlichen nun völlig willkürlich und ganz dem persönlichen Ermessen anheimgestellt wäre. Sigmund Freuds Studie *Das Unheimliche* (1919), die sich bekanntlich in weiten Teilen ausdrücklich auf den *Sandmann* bezieht, liefert überdies einige Gesichtspunkte, die Orientierungshilfe geben. Freuds zentrale These – („Wir würden es also wagen, das Unheimliche des Sandmannes auf die Angst des kindlichen Kastrationskomplexes zurückzuführen", S. 256) – mag dabei sogar außer Betracht bleiben dürfen. Anknüpfungspunkt sei vielmehr ein anderer Satz aus Freuds Studie:

> „Das Unheimliche des Erlebens kommt zustande, wenn *verdrängte* infantile Komplexe durch einen Eindruck wieder belebt werden, oder wenn *überwundene* primitive Überzeugungen wieder bestätigt scheinen." (Ebd., S. 271)

Dieser Satz, den Freud übrigens nicht im direkten Zusammenhang seiner Ausführungen zum *Sandmann* formuliert, scheint besonders geeignet, das Unheimliche dieser Erzählung erklären zu helfen.

Was für Nathanael unheimlich ist

Bleiben wir zunächst bei dem Unheimlichen, wie es Nathanael erfährt. Alles fängt damit an, und dies ist sowohl Anlass wie Inhalt seines ersten Briefes, dass die Begegnung mit dem Wetterglashändler Coppola für ihn das schlechthin „Entsetzliche" ist und einen „tödlichen Eindruck" (3) hervorruft, indem sie nämlich jene furchtbaren Erlebnisse „aus [s]einer frühern Jugendzeit" (ebd.) wiedererweckt, von denen Nathanael von nun an nicht mehr loskommt.

Der Wetterglashändler Coppola ist vielleicht identisch mit dem „Sandmann" seiner Kinderjahre, dem Advokaten Coppelius – dieses Erlebnis ist zugleich das Grundmuster für Nathanaels Wahrnehmung des Unheimlichen, in der erinnerten Kindheitsgeschichte sowohl als in der Gegenwart: Etwas, das an sich unverfänglich, harmlos erscheint oder auch vertraut und vorhersehbar ist, enthüllt plötzlich etwas Fremdes, das feindlich, schrecklich und bösartig auf Nathanael einwirkt. „Es gibt keinen Sandmann" (4), hatte die Mutter gesagt, aber das dumpfe Poltern auf der Treppe war deutlich zu hören und musste ihre Worte widerlegen, wie denn ja auch die Verhaltensänderungen der Eltern an den Abenden, an denen der späte Besucher erwartet wurde, Nathanael nicht entgehen konnten. Und als er den Vater heimlich beim nächtlichen Experimentieren beobachtet, sieht er, wie dessen vertrautes Äußeres („seine sanften ehrlichen Züge") sich plötzlich „zum hässlichen widerwärtigen Teufelsbilde" wandelt und ihn „dem Coppelius ähnlich" macht (8). Was Nathanael als unheimlich erlebt, ist stets der unerwartete Umschlag einer Situation ins Feindlich-Dämonische, und dieses Erleben stürzt ihn in Grausen und Entsetzen, schließlich in offen ausbrechenden Wahnsinn. Sein Gedicht ist, wie er denkt, ganz sein eigenes Werk („er feilte und besserte an jeder Zeile", 21), doch als er es laut vorliest, hört er plötzlich eine andere „grauenvolle Stimme" heraus. Als er zur geliebten Olimpia will, erblickt er statt des vertrauten Menschen nur „eine leblose Puppe" (33) und „ein Paar blutige Augen auf dem Boden" (33), und als er am Ende unwillkürlich bzw. „mechanisch" (36) Coppolas Perspektiv auf Clara richtet, entdeckt er in ihr das „Holzpüppchen". Unheimlich für Nathanael ist, dass Personen und Dinge nicht so sind, wie sie scheinen, sondern dass die schlimmsten Befürchtungen und Ahnungen sich plötzlich bestätigen oder von der ‚Wirklichkeit' noch übertroffen werden.

Der unerwartete Umschlag einer Situation ins Feindlich-Dämonische

Wie der Leser das Unheimliche empfindet

Die genannten Beispiele machen deutlich, dass der Leser nicht alles, was für Nathanael unheimliches Erleben ist, ebenso empfindet, zumindest nicht immer im gleichen Maße. Hier überschneidet sich das Problem des Unheimlichen mit dem von Nathanaels Wahnsinn. Das heißt: Der Leser ist nur dann bereit oder fähig, das Unheimliche wie Nathanael zu erfahren, wenn er sicher ist, dass Nathanaels Wahrnehmungen nicht bereits wahnhaft verzerrt sind. Da ihm diese Sicherheit im Verlauf der Erzählung nun immer wieder abhanden kommt, kann er sich dem Eindruck des Unheimlichen seinerseits nicht bzw. nicht ständig entziehen. Was ihm die Sicherheit des Urteils nimmt, ist vor allem die Frage, ob Coppelius und Coppola nun dieselbe Person sind oder nicht. Soll der Leser sich die Sicht Nathanaels oder die Claras zu eigen machen oder aber dem fiktiven Erzähler vertrauen? Mit dessen „Allwissenheit" ist es allerdings auch nicht zum besten bestellt: Mal spricht er von Coppelius („Es waren Spalanzanis und des grässlichen Coppelius Stimmen", 33), dann, nur zwei Sätze später, wieder vom „Italiener Coppola".

Das Unheimliche als Resultat einer „didaktischen" Wirkungsstrategie

Insofern erscheint das Unheimliche für den Leser geradezu als Ergebnis einer bestimmten Erzählstrategie. Der Text spielt dem Leser Möglichkeiten zu, das Rätselhafte des Geschehens als eindeutig zu verstehen, sich im Prozess des Lesens auf eine bestimmte Bedeutung zu fixieren, doch kaum hat er das getan, wird ihm diese Verstehensmöglichkeit wieder genommen bzw. durch eine gegensätzliche ersetzt. Und je mehr er die Sicherheit des Urteils verliert, desto mehr steigert sich der Eindruck des Unheimlichen. Vielleicht kann man darin sogar eine didaktische Absicht der Erzählung sehen:

> „Das Eigenartig-Originelle und zugleich das ‚Unheimliche' an der Erzählung ‚Der Sandmann' ist […], daß jede vom Leser generierte Bedeutung, sofern sie das Erzählte auf eine eindeutige Wirklichkeit bezieht, von der Erzählstruktur her aber wieder in Frage gestellt wird, so daß beim Leser schließlich die Richtigkeit seiner vereindeutigenden Wirklichkeitssicht selbst fragwürdig werden muß. Der Endzweck der Erzählung weist damit über den nur literarisch-fiktionalen Bereich hinaus in den der Realität des Rezipienten." (J. Walter, 1984, S. 31)

## Gestörte Kommunikation

| Gestörte Kommunikation | → Obwohl Nathanael mit Clara verlobt ist, richtet er seine Briefe an Lothar, den ihm feindlich gesinnten Bruder Claras.<br>→ Nathanaels zunehmende Selbstbespiegelung beeinträchtigt seine Kommunikationsfähigkeit.<br>→ Für ihn ist Kommunikation ein möglichst unbehinderter Monolog. Seine Liebe zu einer Puppe daher folgerichtig. |
|---|---|

Nathanael hat lange nicht mehr geschrieben – das ist die Information, die der Leser zu Beginn der Erzählung gleich zweimal, in den Briefen von Nathanael (3) und Clara (11), erhält. Clara und Nathanael sind verlobt, aber er schreibt nicht an sie, sondern an ihren Bruder, und die Antwort wiederum kommt nicht von jenem, sondern von ihr, an die er seinen Brief irrtümlich (!) adressiert hatte. Das ist schon merkwürdig und verweist auf gewisse Unstimmigkeiten der Kommunikation, die dadurch noch weiter betont werden, dass Nathanael erneut an Lothar schreibt, obwohl es doch nahegelegen hätte, Clara direkt zu antworten. Offensichtlich hält Nathanael den Bruder der geliebten Frau, nicht diese selbst, für die verlässlichste und treueste Adresse, um seine inneren Ängste und Nöte zu offenbaren. Ob er mit dieser Einschätzung recht hat, ist mehr als fraglich. Jedenfalls weist der Erzähler später ausdrücklich auf Lothars reservierte und feindliche Haltung gegenüber Nathanael hin, sodass es nur noch eines Anlasses bedarf, dass „der Unmut, den er wider den träumerischen Nathanael lange im Herzen getragen, sich entzündete zum wilden Zorn". (22) Die Unfähigkeit beider Freunde, einander zu ertragen und anders als in hasserfüllten Beleidigungen miteinander zu reden, lässt sie gar ein Duell als „unvermeidlich" ansehen, was durch Claras rettendes Dazwischentreten im letzten Augenblick verhindert wird.

Merkwürdigkeiten der Korrespondenz

Nathanael und Lothar

Nathanael hat sich von den für ihn wichtigsten Menschen entfernt, in wörtlichem wie übertragenem Sinne, seine Briefe sind der nur halbwegs gelingende Versuch, die Verständigung aufrechtzuerhalten, und als er später wieder einmal an Clara schreiben will, wird er daran durch „Coppolas widerwärtiges Gesicht“ (24) gehindert. Indem Coppelius/Coppola Nathanaels Gedanken an sich bindet, sodass er von nichts anderem mehr reden oder schreiben will, wächst Nathanaels Entfremdung von Clara. Was er ihr erzählt bzw. aus seinen Dichtungen vorliest, langweilt sie oder ist ihr gar „im höchsten Grade zuwider“ (20). Nathanaels zunehmende Selbstbespiegelung beeinträchtigt seine Kommunikationsfähigkeit, und die fehlschlagenden Versuche, sich in gewünschtem Maße verständlich zu machen, verstärken wiederum seine Isolation:

Die Liebenden werden einander fremd

> „Sein Verdruss über Claras kaltes prosaisches Gemüt stieg höher, Clara konnte ihren Unmut über Nathanaels dunkle, düstere, langweilige Mystik nicht überwinden, und so entfernten beide im Innern sich immer mehr voneinander, ohne es selbst zu bemerken.“ (21)

Nathanael versteht unter Kommunikation gar nicht mehr den Austausch von Gedanken und Gefühlen im Gespräch mit dem Anderen, sondern den möglichst unbehinderten Monolog. Insofern ist es von grausiger Folgerichtigkeit, dass er sich in die Puppe Olimpia verliebt, denn „noch nie hatte er eine solche herrliche Zuhörerin gehabt“ (31). Ihr kann er „hochentflammt und begeistert“ seine Liebe gestehen, „in Worten, die keiner verstand, weder er, noch Olimpia“ (29). In ihrem stereotypen „Ach, Ach“ entdeckt er die „echte Hieroglyphe der innern Welt voll Liebe und hoher Erkenntnis des geistigen Lebens in der Anschauung des ewigen Jenseits“ (31), ja schon der „Blick ihres himmlischen Auges sagt mehr als jede Sprache hienieden“ (32), in ihr hört, empfindet, liebt er sich selbst und ist glücklich wie nie zuvor.

Olimpia als ideale Kommunikationspartnerin

Das für den *Sandmann* bedeutsame Thema der gestörten Kommunikation wird nicht allein durch die Haupthandlung von Nathanaels Beziehung zu Clara und Olimpia illustriert. Der Erzähler will vielmehr auf ein für die Gesamtgesellschaft symptomatisches Phänomen hinweisen, wenn er erwähnt, dass Olimpias Auftreten in den „vernünftigen Teezirkeln“ durchaus erfolgreich war und dass es erst nach der Aufdeckung des Skandals zu Versuchen kam, so zu sprechen, dass „dies Sprechen […] ein Denken und Empfinden voraussetze“ (35), wobei – wie

Die Wirklichkeit der Kommunikation im Gähnen

es in satirischer Überspitzung heißt – z.B. das Gähnen geradezu als Garantie für Lebensechtheit der Kommunikation anzusehen sei.

## Das Problem des Sehens

| Das Problem des Sehens | |
|---|---|
| | → Das Auge und das Sehen ist das Leitmotiv der Erzählung.<br>→ Der Hauptunterschied zwischen Mensch und Automat ist das Sehen.<br>→ Die Überlegenheit des Sehvermögens ist ein „Prozess der Zivilisation". Das Sehen bekommt den Charakter einer ‚objektiven' Wahrheit, weil es mit Gefühlsimpulsen aufgeladen ist.<br>→ Die angeschaute Person wird zum Reflex des eigenen Inneren. |

Es gibt kaum einen Leser des *Sandmanns*, dem entgangen sein könnte, wie oft in dieser Erzählung von innerem Schauen und äußerem Sehen, vom Auge als aktivem Erkenntnisorgan wie als passivem Spiegel usw. die Rede ist. Man darf sogar überlegen, ob denn je vor E.T.A. Hoffmann „ein Leitmotiv in solcher Dichte, Vielseitigkeit und Stimmigkeit in der Literatur eingesetzt worden ist, wie hier die Augen (und als deren Erweiterung, Brillen und Ferngläser)" (P. von Matt, 1971, S. 79). Diese Überlegung betrifft vorrangig den kompositorischen Bereich, also die Verwendung von Leitmotiven als erzähltechnisches Phänomen. Es ist aber erwägenswert, ob die Bedeutung des Komplexes „Sehen" nicht darüber hinausreicht.

Das Sehvermögen als Unterscheidungskriterium zwischen Mensch und Automat

Zunächst einmal ist erstaunlich und alles andere als selbstverständlich, mit welcher Ausschließlichkeit die Erzählung den Hauptunterschied zwischen Mensch und Automat im Vorhandensein bzw. Fehlen des Sehvermögens zu belegen sucht, so als gäbe es keine wichtigere Unterscheidungsmöglichkeit zwischen der Puppe als künstlichem Menschen und einem denkenden, fühlenden Wesen. Erinnern wir uns an die erste Erwähnung Olimpias, an den Bericht Nathanaels in seinem Brief an

Lothar. Er blickt durch einen kleinen Spalt, den eine vor einer Glastür angebrachte Gardine freigibt, und sieht „ein hohes, sehr schlank im reinsten Ebenmaß gewachsenes, herrlich gekleidetes Frauenzimmer" sowie „ihr engelschönes Gesicht":

> „Sie schien mich nicht zu bemerken, und überhaupt hatten ihre Augen etwas Starres, beinahe möcht' ich sagen, keine Sehkraft, es war mir so, als schliefe sie mit offnen Augen. Mir wurde ganz unheimlich und deshalb schlich ich leise fort [...]." (15 f.)

An dieser Stelle seien drei Aspekte hervorgehoben. Erstens: Der Automatenmensch manifestiert seine mangelnde Beseelung durch den fehlenden Ausdruck seines Blicks, und dieser Mangel wirkt auf einen ‚wirklichen' Menschen „unheimlich".

Zweitens: Der ‚wirkliche', also mit Sehvermögen ausgestattete Mensch gewinnt durch seine Augen gleichwohl keinen absolut sicheren Eindruck. Statt zu einem verlässlichen Urteil kommt es nur zu dem vagen „Es war mir, als ob". Wie an dieser Stelle, so wird Nathanael auch später – bevor er das Fernrohr benutzt – empfinden: „Nur die Augen *schienen ihm* gar seltsam starr und tot" (26; Hervorhebung von P. C. Giese). Der Eindruck des Freundes Siegmund ist nicht deutlicher: „[...] es war uns als tue sie nur so wie ein lebendiges Wesen" (31), und die Mitglieder der ästhetischen Teegesellschaften gar haben rein gar nichts gesehen oder als befremdlich wahrgenommen, sodass es relativ leicht war, ihnen „statt der lebendigen Person eine Holzpuppe einzuschwärzen." (34)

Die Zentrierung der Sinneswahrnehmungen auf das Auge

Drittens: Die zitierte Stelle zeigt aber auch, warum das Sehvermögen als der wichtigste der menschlichen Sinne gelten kann. Das Auge reicht weiter, überbrückt Distanzen und sogar Hindernisse (Nathanael sieht durch eine Glastür!) und ist insofern den anderen Sinneswahrnehmungen (Hören, Riechen, Schmecken, Tasten) überlegen. Nathanaels Angst vor einem Verlust seiner Augen mag daher wahnhaft überzeichnet und ein Krankheitssymptom sein, sie ist angesichts der zentralen Wichtigkeit dieses Sinnesorgans aber zugleich in sich plausibel und muss nicht notwendigerweise auf irgendeine tiefere Angst symbolisch verweisen.

Die Überlegenheit des Sehvermögens über andere Wahrnehmungsquellen beruht nicht allein auf natürlichen Gegebenheiten. Es gibt Untersuchungen, die dafür den „Prozess der Zivilisation" verantwortlich machen – ein Prozess, der sich in der Erziehung jedes einzelnen Individuums („Fass das nicht an!") wiederholt. Das Auge wird „zum Vermittler von Lust, gerade weil die unmittelbareren Befriedigungen des Lustverlangens in der zivilisierten Gesellschaft durch eine Unzahl von Verboten und Schranken eingeengt sind." (N. Elias, Bd. 1, 1976, S. 281) Je abstrakter, entsinnlichter, entfremdeter das gesellschaftliche Leben wird, desto mehr werden sämtliche Sinnesempfindungen dem Sehen untergeordnet, desto mehr droht indes auch das Sehen den Charakter einer ‚objektiven' Wahrnehmung einzubüßen, weil es mit Gefühlsimpulsen aufgeladen ist. Die Augenlust ist nicht länger Verheißung oder Vorbereitung tatsächlichen Erlebens, sondern tritt an dessen Stelle, das Individuum wird zum „Zuschauer". Um eine drastische Parallele zu riskieren: Inwieweit unterscheidet sich denn Nathanael, der als Voyeur mit seinem Fernglas so lange auf Olimpia starrt, bis ihm der „Liebesblick" (28, 31) aufgeht, von einem heutigen Zuschauer einer Striptease- oder Peepshow-Vorstellung?

„Festgezaubert" – zum Begriff der Augenlust

Nathanael als Voyeur

> „Letztlich ist es die Umgehung sozialer Zwänge mit Hilfe eines technischen Geräts, die den Wahrnehmungswandel bewirkt. Gefahrlos darf Nathanael die zulässige Blickdauer überschreiten. Das Taschen-Perspektiv schwächt die Selbstzensur der Wünsche und Begierden." (Wawrzyn, 1976, S. 126)

Wer als ungesehener Beobachter das Verbotene und Verborgene sieht, wird in der Tat wie Nathanael „festgezaubert" (8, 26). Ein solches Sehen umfasst nun allerdings nicht alle Aspekte der Wirklichkeit, sondern begrenzt den Blick auf bestimmte Ausschnitte und verstärkt in erster Linie die aus dem eigenen Innern kommenden Gefühle: Bei der Beobachtung des nächtlichen Experimentierens im Elternhaus hat Nathanael mehrere wichtige Details „übersehen" (!) (8), er hat stattdessen viele Als-ob-Wahrnehmungen, und die in seinem Inneren schon vorher angelegte Angst wird grauenhaft bestätigt; die Augen Olimpias schließlich scheinen ihm selbsttätig auszustrahlen, was sein eigenes Selbst in sie hineinsieht und gespiegelt zurückerhält.

Der Blick der angeschauten Person als Reflex des eigenen Inneren

Das Problem des „Sehens“ wird nicht allein an Nathanael und seinem Verhältnis zu Olimpia exemplifiziert. Auch Clara ist – für den Erzähler! – ein visuelles Objekt („steht Claras Bild so lebendig mir vor Augen, dass ich nicht wegschauen kann“, 18), wobei es sich um ein inneres Schauen handelt und der Erzähler seine Wahrnehmungen zudem noch bei Architekten, Malern und Dichtern borgt. Ausdrücklich stimmt er aber auch dem zu („Es war dem so“), was die „Dichter und Meister“ über Clara sagen:

> „Können wir denn das Mädchen anschauen, ohne dass uns aus ihrem Blick wunderbare himmlische Gesänge und Klänge entgegenstrahlen, die in unser Innerstes dringen, dass da alles wach und rege wird?“ (18)

Die Wirkung, die von Clara auf die Dichter, den Erzähler eingeschlossen, ausgeht, scheint derjenigen, die Olimpia für Nathanael hat, zum Verwechseln ähnlich. Man vergleiche nur die zitierte Stelle mit jener anderen, in der Nathanael durch Coppolas Glas auf die Sängerin Olimpia blickt:

> „da wurde er gewahr, wie sie voll Sehnsucht nach ihm herübersah, wie jeder Ton erst deutlich aufging, in dem Liebesblick, der zündend sein Inneres durchdrang.“ (28)

Aus Blick wird Gesang und Klang, aus dem gesungenen Ton wird Blick, und beide Vorgänge werden direkt mit dem „Inneren“ des Betrachters in Verbindung gebracht – wobei dahingestellt bleiben muss, ob die Wirkung, wie in beiden Fällen behauptet, vom Blick der angeschauten Person ausgeht und im Innern des Betrachters „zündet“ oder nicht vielmehr das Innere des Betrachters die Wahrnehmung steuert. Auffällig ist in beiden Textstellen das Stilmittel der Synästhesie. Die Vermischung akustischer und optischer Eindrücke soll die Intensität des Empfindens verdeutlichen, sie belegt aber zugleich, wie sehr das „Sehen“ davon entfernt ist, für eine „reine“, verlässliche Wahrnehmung zu garantieren.

Zu Funktion und Bedeutung der Synästhesie

Dichter, Erzähler, Nathanael – ist das Problem des Sehens demnach ein spezifisch künstlerisches Problem, was die Erfassung der Wirklichkeit betrifft? Aber immerhin wird ja der Leser vom Erzähler als Kollege betrachtet, der es ebenfalls mit der Ausgestaltung eines so genannten inneren Bildes zu tun habe. (Vgl. 64 f.) Der Leser wird nicht nur überrascht, er wird verunsichert. Eine Erzählung, die bis zum Schluss offenlässt, ob und inwieweit Nathanaels inneres Schreckensbild vom Sandmann eine tiefere und richtigere Sicht der verwirrenden Begebenheiten darstellt als der „verständige“ Blick auf die Oberfläche der Dinge, nimmt sich das Problem des Sehens zum Thema, um die Selbstsicherheit menschlicher Erkenntnis aufgrund von Sinneswahrnehmungen in Frage zu stellen.

## Der Perspektivenkonflikt Aufklärung – Romantik

| Der Perspektivenkonflikt Aufklärung – Romantik | |
|---|---|
| | → Clara verkörpert zwar die aufklärerische Seite, ihre Haltung trägt aber auch Züge des Bürgerlich-Normalen und Pragmatisch-Biederen. Ihre Sicht kann als rationale Verstehensmöglichkeit der Handlung gesehen werden.<br>→ Nathanael verkörpert die romantische Position. Sein Gefühlsleben kennt nur Extreme, die zu einer radikal romantisch-subjektiven Weltsicht führen.<br>→ Die romantische Perspektive mit ihrer selbstzerstörerischen Komponente wird in der Erzählung stärker kritisiert als Claras einseitige verständige Sicht. Trotzdem wird dem „poetischen Gemüt“ Nathanaels zugestanden, die Wahrheit des inneren Bildes zu erkennen.<br>→ Der Perspektivenkonflikt wird nicht eindeutig entschieden. Das Fernrohr – altertümlich Perspektiv genannt – verkörpert dies. Es zeigt gleichzeitig die „wahre, wirkliche Außenwelt“ und die „Traum- und Wunschwelt“ des eigenen Inneren. |

In literaturgeschichtlichen Darstellungen pflegt der Autor E.T.A. Hoffmann als Romantiker beschrieben zu werden, und allgemein verbreitet sind noch immer bestimmte klischeehafte Vorstellungen, denen zufolge der Epochengegensatz zwischen Romantik und Aufklärung mit den Begriffen „Gefühl" und „Ratio" wertend zu erfassen sei, wobei – je nach Standpunkt des Betrachters – hier auch die entsprechenden Negativbegriffe („Irrationalismus" bzw. „platte Verstandeskultur") herangezogen werden. In der Erzählung *Der Sandmann* werden nun beide Perspektiven, die der Aufklärung wie der Romantik, auf höchst differenzierte Weise nachgezeichnet, gegeneinandergeführt und kritisiert, sodass sie beide ihre partielle Berechtigung behaupten. Von einer eindeutigen Parteinahme des Erzählers (oder gar des Autors) für die eine oder andere Sichtweise kann jedenfalls keine Rede sein. Die Positionen von Aufklärung und Romantik werden im *Sandmann* in buchstäblichem Sinne personalisiert und verkörpert: durch Clara und Nathanael.

## Clara – Klarheit, Aufklärung

Clara als die verkörperte Aufklärung

Schon der Name ist ein Programm. Clara repräsentiert, wie das ja bereits der lateinische Ursprung ihres Namens verrät, alles, was hell, klar, glänzend, deutlich, verständlich, einleuchtend ist, sodass der Bezug auf die „Aufklärung" in realem wie metaphorischem Sinn sich aufdrängen muss (und soll). Clara rechnet sich selbst zu den „heitern – unbefangenen – sorglosen Gemütern" (13), sie hält ihren Blick fest auf „die wahre wirkliche Außenwelt" (12) gerichtet und begegnet ihr mit ihrem „gar hellen scharf sichtenden Verstand":

Ironie als Waffe gegen „Nebler und Schwebler"

> „Die Nebler und Schwebler hatten bei ihr böses Spiel; denn ohne zu viel zu reden, was überhaupt in Claras schweigsamer Natur nicht lag, sagte ihnen der helle Blick, und jenes feine ironische Lächeln: Liebe Freunde! wie möget ihr mir denn zumuten, dass ich eure verfließende Schattengebilde für wahre Gestalten ansehen soll, mit Leben und Regung?" (19)

Im „Außen" der Welt vermag sie nichts Geheimnisvolles oder Unerklärliches zu entdecken, sondern dafür macht sie allein das „Innere" der Person verantwortlich. An der Überzeugung, dass bei etwas gutem Willen „Innen" und

„Außen" in harmonische Übereinstimmung zu bringen seien, hält sie unbeirrbar fest: „Sei heiter – heiter!" (14) lautet ihr brieflicher Rat an Nathanael. Zwar wird sie „von vielen" – immerhin: von vielen, nicht: von einigen oder von manchen – „kalt, gefühllos, prosaisch gescholten" (19), doch ficht sie das wohl kaum an. Wie ihre Einstellung zum Leben überhaupt, beruht auch ihre Erwartungshaltung gegenüber Dichtung auf festen Grundsätzen. Dichtung soll erfreuen und dem Leben zum Schmuck gereichen, daher hat sie die „anmutigen, lebendigen Erzählungen", die Nathanael früher einmal schrieb, „mit dem innigsten Vergnügen" (20) angehört. Seine jetzigen Dichtungen allerdings, in denen Nathanael versucht, seine existenzielle Krise zu verarbeiten, langweilen sie nur, und da nimmt sie sich eben – das Nützliche mit dem Unangenehmen verbindend – den Strickstrumpf zur Hand. (Übrigens mit ausdrücklichem Einverständnis des Erzählers: „Nathanaels Dichtungen waren in der Tat sehr langweilig", 20 f.) Anders reagiert sie auf Nathanaels großes, düsteres Gedicht, dessen Inhalt sie selbst unmittelbar betrifft: sie schlägt dem Verlobten vor, er solle „das tolle – unsinnige – wahnsinnige Märchen" (22) vernichten. Was nicht sein darf, muss weg, soll aus Claras Gegenwart verschwinden. Diese Reaktion zeugt von einer rührenden Hilflosigkeit und beweist gleichzeitig, dass Clara mit all ihrer heiter-vernünftigen Lebenszuversicht an bestimmte Grenzen stößt. Wo es weder Nathanael gelungen ist, sein Inneres von den furchtbaren Bildern zu befreien, noch Clara es geschafft hat, den „Dämon" aus Sinn und Gedanken des Verlobten zu vertreiben, wo also die *Ursachen* von Nathanaels Verwirrung einfach nicht verschwinden wollen, da hält sich Clara an die *Folgen*: das Gedicht soll ins Feuer.

Claras Urteile über (Nathanaels) Dichtung

Hilflose Reaktion

Bemerkenswert ist, dass Clara in der Erzählung kaum je isoliert in Erscheinung tritt. Für ihren Brief an Nathanael hat sie sich des Einvernehmens ihres Bruders versichert und zitiert seine Worte, ansonsten wird sie stets als in die Familie eingebunden gezeigt, und auf die Gründung einer eigenen Familie zielt auch ihre ganze Energie – der letzte Absatz der Erzählung trägt dieser Tatsache, wenn auch mit Vorbehalt, Rechnung. Die von Clara vertretene aufklärerische Haltung entfaltet inso-

Verengung der aufklärerischen Perspektive auf das Bürgerlich-Normale?

fern auch Züge des Bürgerlich-Normalen und des Pragmatisch-Biederen, die als eine gewisse Beschränktheit angesehen werden können. Mehrdeutig wie so vieles in dieser Erzählung ist auch das Bild Claras, und der Text bietet sowohl Anhaltspunkte für die These, dass Clara „während der ganzen Erzählung positiv gesehen" werde und der Autor sie „versteht und billigt" (E. F. Hoffmann, 1962, S. 249) bzw. dass ihre negativen Qualitäten („kalt, gefühllos, prosaisch") allein auf ‚romantischen' Vorurteilen Nathanaels beruhen (vgl. J. Schmidt, 1981, S. 364 ff.), wie auch dafür, dass Clara ganz wie Olimpia automatenhaft-programmiert denke und agiere. (Vgl. J. M. Ellis, 1981, S. 9 ff.)

Die rezeptionssteuernde Wirkung von Clara auf den Leser

Als relativ sicher lässt sich indes, wenn man die Eindrücke des Lesers rekonstruiert, das Folgende behaupten: Claras Brief gibt der Schreiberin in den Augen des Lesers eine Autorität, die sie im weiteren Verlauf der Erzählung nicht mehr in gleicher Weise behaupten kann. Woran liegt das? In ihrem Brief an Nathanael entwickelt Clara in zusammenhängender Argumentation die ‚reale' Sicht der Dinge, und der Leser – der ja zugleich auch direkt sich angeredet fühlt – nimmt so dankbar wie bereitwillig zur Kenntnis, dass es eine rationale Begründung der in Nathanaels Eingangsbrief geschilderten Begebenheiten gibt. Er wird dabei über die verdächtige Häufung von Suggestivpartikeln (vgl. 11 f.) hinweglesen und auch den etwas leichtfertigen Optimismus der „Sei heiter!"-Beschwörung akzeptieren, weiß er doch, dass Claras Brief nicht nur Wahrheit beschreiben, sondern auch eine pädagogische Funktion einem Kranken gegenüber erfüllen soll. Der Leser vertraut sich in dem Maße Clara an, wie ihre Argumentation seinem Bedürfnis nach Klarheit und Beruhigung entgegenkommt. Dieses enge Vertrauensverhältnis kann von dem Zeitpunkt an nicht mehr dasselbe sein, an dem der Erzähler das Wort ergreift und Clara nun lediglich eine Figur neben anderen ist. Claras Überzeugungskraft muss dann weiter schwinden, wenn die Erzählung Begebenheiten präsentiert, die das tatsächliche Vorhandensein einer äußeren feindlichen Macht zu belegen scheinen, und schließlich bewahrheitet sich ja sogar jene dichterische Ahnung Nathanaels, die Clara als unsinniges und wahnsinniges

Relativierung von Claras Perspektive

Märchen abtun wollte. Die ironische Regie der Erzählung lässt die heiter-selbstbewusste Frau zudem immer wieder in Situationen geraten, wo sie unbewusst das Falsche tut: In völliger Verkennung dessen, wie es um Nathanael bestellt ist und womit er sich in den letzten Tagen beschäftigt hat („Nun erst habe ich dich ganz wieder, siehst du es wohl, wie wir den hässlichen Coppelius vertrieben haben?“, 22), liefert sie dem Geliebten das Stichwort, sein Gedicht vorzulesen, und am Schluss ist es wiederum Clara, die ungewollt zum Auslöser der Katastrophe wird. Sie, die sich als „Schutzgeist“ (14) verstand, hat nicht helfen können und muss zuletzt selbst gerettet werden.

„Romantische“ Züge Claras

Clara überschätzt die Möglichkeiten des Individuums, mit gutem Willen und vernünftigen Absichten allein die Realität positiv beeinflussen zu können, und insofern wird ihre optimistische Weltsicht durch den Verlauf der Erzählung widerlegt. Doch sollte daraus nicht vorschnell gefolgert werden, dass damit auch schon die aufklärerisch-rationale Analyse selbst widerlegt wäre. Interessant in diesem Zusammenhang ist, dass der Erzähler an einer Stelle der Charakterisierung Claras neben das Kennwort der Aufklärung („scharf sichtender Verstand“) solche Attribute rückt, die gemeinhin als Erkennungschiffren des Romantischen gelten:

> „Clara hatte die lebenskräftige Fantasie des heitern unbefangenen, kindischen Kindes, ein tiefes weiblich zartes Gemüt […].“ (19)

Diese Behauptung (die erzählerisch übrigens nie weiter beglaubigt wird!) kann nur den Sinn haben, dass Clara von dem in romantischer Literatur häufig begegnenden Klischee befreit werden soll, sie sei nichts als eine platte Vernünftlerin und ihre Ansichten demzufolge von vornherein verdächtig.

Claras Sicht der Dinge soll also ausdrücklich vor dem Verdacht bornierter Einseitigkeit geschützt werden; sie wird daher im Verlauf der Erzählung zwar relativiert, nie aber völlig außer Kraft gesetzt und bleibt als rationale Verstehensmöglichkeit stets präsent.

## Nathanael – Extremfall romantischer Weltsicht

Gefühl und Phantasie

Nathanael ist ein sensibler, phantasiebegabter, introvertierter junger Mann. Für alles Wunderbare und Geheimnisvolle ist er empfänglich, seine Gefühlseindrücke sind intensiv und verdichten sich zu einer inneren Bilderwelt, für die er schon als Kind nach einem künstlerischen Ausdruck sucht. Imagination und Wirklichkeit geraten ihm durcheinander, und noch in der Erinnerung an seine schrecklichen Kindheitserfahrungen vermag er hier nicht zu trennen: er schildert als „Erlebnis", dass ihm Coppelius einst Hände und Füße abgeschraubt und neu wieder eingesetzt habe (9)! Durch die Heftigkeit seiner Empfindungen waren von früh an seine physische wie seine geistige Gesundheit gefährdet: „Angst und Schrecken hatten mir ein hitziges Fieber zugezogen, an dem ich mehrere Wochen krank lag" (ebd.), und nach dem Tod des Vaters, für den er Coppelius verantwortlich machte, „vergingen" ihm in buchstäblicher Bedeutung „die Sinne" (10).

Das „poetische Gemüt"

Die Kraft seiner Visionen ist es, die Nathanael nach seinem Selbstverständnis – in Entsetzen wie Begeisterung – „entzündet" und ihm ein „poetisches Gemüt" schenkt, dem er sich mehr und mehr hingibt. In Nathanaels Perspektive werden alle anderen, auch die Geliebte und seine Freunde, zu „kalten prosaischen Menschen" (31), die das Wesen der Dinge verkennen, wogegen nur er selbst wirklich zu „sehen" glaubt, was es mit der feindlichen äußeren Macht auf sich habe und was mit Olimpia. Nathanaels Gefühlsleben kennt nur Extreme: Da ist der „teuflische Coppelius" (11), Clara scheint ihm ein „süßes liebes Engelsbild" (16), Olimpia ist die „herrliche, himmlische Frau" (29); in superlativischer Übersteigerung ist ihm Coppelius „ein hässlicher gespenstischer Unhold", der nicht nur ihn selbst bedroht, sondern „der überall, wo er einschreitet, Jammer – Not – zeitliches, ewiges Verderben bringt" (8), und in Olimpias gestammelten Worten erkennt er nicht weniger als die „echte Hieroglyphe der innern Welt voll Liebe und hoher Erkenntnis des geistigen Lebens in der Anschauung des ewigen Jenseits" (31).

Etappen des Realitätsverlusts

In dem Maße, wie sich Nathanaels Subjektivismus verfestigt, wird die Erzählung zu einer (negativen) Entwicklungsgeschichte ihres Helden, in der die einzelnen Stadien des Wirklichkeitsverlusts bis hin zur Selbstzerstörung getreulich aufgezeichnet sind. Dieser Prozess lässt sich anschaulich an Nathanaels Beziehung zu Clara verfolgen bzw. daran, dass und warum später Clara durch Olimpia ersetzt wird.

Partielles Anerkennen von Claras verständiger Perspektive

Anfangs ist Clara für Nathanael so etwas wie ein guter Geist, der gefährdete junge Mann hat an ihr seinen wichtigsten Orientierungspunkt, er liebt und braucht sie, um an ihrer Seite „sich in Wissenschaft und Kunst kräftig und heiter" bewegen (19) und mit dem Leben fertig werden zu können. Als sie ihm schreibt, ist er darüber verstimmt, dass sie „so gar verständig, so magistermäßig distinguieren könne" (14), aber obwohl er sich über ihren „fatalen verständigen Brief" (16) ärgert, lassen ihn ihre verständigen Argumente nicht unbeeindruckt: er zweifelt jetzt selbst an der Identität von Coppelius und Coppola und räumt insofern nicht nur die Berechtigung, sondern sogar die mögliche Richtigkeit ihrer Perspektive ein. Allerdings wird sich bei seiner Rückkehr zur Geliebten zeigen, dass er sich inzwischen „in seinem ganzen Wesen durchaus verändert" hat:

> „Alles, das ganze Leben war ihm Traum und Ahnung geworden." (19)

Radikalisierung der romantisch-subjektiven Weltsicht

Diese romantische Position wie die aus ihr erwachsenden poetischen Hervorbringungen verteidigt er heftig gegen alle Einwände, für Kritik ist er nicht länger empfänglich, und in maßloser Erregung nennt er die geliebte Frau jetzt „lebloses, verdammtes Automat", der einst „herzliebe Lothar" (3) wird zu „einem miserablen, gemeinen Alltagsmenschen" (22) erklärt, ein Duell kann noch so eben verhindert werden.

Die Auseinandersetzung mit Clara und Lothar macht offenbar, bis zu welchem Punkt Nathanael bereits von den Bildern seines Innern beherrscht wird und wie sehr er dazu neigt, der Autonomie seines Ichs alles andere, Freundschaft, Liebe, Kommunikationsfähigkeit, zu opfern.

Nach seiner Rückkehr in die Universitätsstadt wächst seine Isolation (in buchstäblichem wie übertragenem Sinne), er schreibt nicht mehr nach Hause, den Kontakt zur Umwelt hat er eingestellt, tagelang sitzt er in seinem Zimmer und starrt durch das Fernrohr auf das gegenüberliegende Fenster in der Hoffnung, Olimpia zu erblicken (26). Was ihn seinen Studienfreunden entfremdet und was ihn schließlich Clara vergessen lässt („Claras Bild war ganz aus seinem Innern gewichen", 27), ist dasselbe, was ihn an Olimpia fesselt: er „sieht", empfindet, liebt nur mehr sich selbst! In der Puppe findet er „[s]ein ganzes Sein [ge]spiegelt" (29), bei ihren wenigen Worten ist es ihm, „als habe die Stimme aus seinem Innern selbst herausgetönt" (32). Das heißt: Der Automat kann ihm das bieten, was kein lebender Mensch je leisten könnte, nämlich eine durch keine fremde Individualität gestörte Spiegelung seiner selbst. Die Zerstörung einer solchen Projektionsfigur mitanzusehen muss Nathanael existenziell betreffen und zum Ausbruch des Wahnsinns führen.

Die auf das eigene Selbst reduzierte Wahrnehmung

Nach einer kurzen Genesungsphase scheint Nathanael der „wahren wirklichen Außenwelt" zurückgewonnen, er will Clara heiraten. Eine beiläufige Bemerkung Claras über einen „sonderbaren kleinen grauen Busch" (36) stürzt ihn dann aber in die hermetische Bilderwelt seines Innern zurück, und es zeigt sich auf furchtbare Weise, dass Nathanael nun selbst nur noch automatenhaft („mechanisch") reagiert, seine Perspektive ist wahnhaft verzerrt, mit dem Coppola-Zitat „Sköne Oke – Sköne Oke" auf den Lippen springt er in den Tod.

Selbstzerstörung

Indem die Erzählung an Nathanael die Verflechtung von radikalem Subjektivismus, Künstlertum und Wahnsinn aufzeigt, ist sie die schonungslose Entlarvung des so genannten „poetischen Gemüts". Die romantische Perspektive wird zu dem Zwecke nachgezeichnet, dass ihre lebensfeindliche und selbstzerstörerische Eigenheit zu Tage tritt. Sie wird gerade dadurch, dass sie ins Extrem getrieben wird, weit stärker kritisiert als Claras „verständige" Sicht der Dinge.

*Der Sandmann* als Kritik an der Romantik

Trotz alledem: Wahrheit des inneren Bildes

Gleichzeitig gesteht die Erzählung dem wahnsinnigen Nathanael allerdings zu, in seinen Schreckensvisionen und vor allem in seinem furchtbaren Gedicht als Einziger erahnt zu haben, was sich als „Schicksal" an ihm erfüllen wird. Und bestätigt sich – vom Ende her gesehen – nicht sogar noch die abstruseste und aller Wahrscheinlichkeit hohnsprechenden Wahrnehmung Nathanaels in der traumatischen „Urszene" seiner Kinderzeit, dass ihm nämlich Coppelius erst die Augen rauben wollte und ihm dann die Körperteile auseinandergenommen und neu zusammengesetzt habe? Ist Nathanael denn etwa nicht von diesem Zeitpunkt an anders als die anderen: ganz von den Bildern seines Innern beherrscht und unfähig, die Außenwelt „kalt" und „verständig" zu sehen, selbst ein „Automat" geworden?

## Das „Perspektiv"

Der Perspektivenkonflikt zwischen Clara und Nathanael, zwischen prosaischem und poetischem Gemüt, zwischen Aufklärung und Romantik – dieser Konflikt wird in der Erzählung nicht eindeutig entschieden, sondern in das Bewusstsein des Lesers übertragen. Die Erzählung tut aber noch ein Weiteres: Sie führt einen Gegenstand vor, in dem sich die genannten Gegensätze auf paradoxe Weise durchdringen und nicht mehr unterscheidbar sind, einen Gegenstand, der zugleich Symbol ist. Gemeint ist das Fernrohr, das wohl nicht zufällig stets mit dem schon zur Zeit E.T.A. Hoffmanns altertümlichen Namen „Perspektiv" bezeichnet wird. Nathanael erwirbt das Fernrohr von Coppola, nachdem ihn dieser zunächst durch die ausgelegten Brillen („Sköne Oke") in Furcht und Entsetzen gestürzt hatte:

Das Fernrohr als symbolisches Requisit

> „So wie die Brillen fort waren, wurde Nathanael ganz ruhig und an Clara denkend sah er wohl ein, dass der entsetzliche Spuk nur aus seinem Innern hervorgegangen, sowie dass Coppola ein höchst ehrlicher Mechanikus und Optikus, keineswegs aber Coppelii verfluchter Doppeltgänger und Revenant sein könne. Zudem hatten alle Gläser, die Coppola nun auf den Tisch gelegt, gar nichts Besonderes, am wenigsten so etwas Gespenstisches wie die Brillen und, um alles wieder gut zu machen, beschloss Nathanael dem Coppola jetzt wirklich etwas abzukaufen.

> Er ergriff ein kleines sehr sauber gearbeitetes Taschenperspektiv und sah, um es zu prüfen, durch das Fenster. Noch im Leben war ihm kein Glas vorgekommen, das die Gegenstände so rein, scharf und deutlich dicht vor die Augen rückte." (25)

Das Perspektiv als Instrument der Aufklärung

Der Erwerb des Fernrohrs ist in auffälliger Weise mit dem Komplex „Clara, Klarheit, Aufklärung" verbunden, und zwar sowohl, was die Kaufabsicht betrifft, als auch in Bezug auf den gekauften Gegenstand selbst. Im Gedanken an Clara revidiert Nathanael ausdrücklich seine vorangegangene emotional-übersteigerte Wahrnehmung und erklärt sie nun, wie Clara das nicht besser tun könnte, als „Spuk aus seinem Innern". Er kehrt also überlegt und „ganz ruhig" in die Wirklichkeit zurück. Ein Fernrohr ist nun in präzisem Wortsinn ein Instrument der „Aufklärung", d. h. ein fortgeschrittenes Produkt der optischen Wissenschaft und Technik, das ein Objektiv zwischen Ich und Welt einschaltet. Überzeugender als durch den Kauf dieses Gegenstands hätte Nathanael gar nicht bekunden können, dass er seine Perspektive von nun an vom eigenen Innern weg auf die „wahre wirkliche Außenwelt" (12) lenken will.

Das Perspektiv als Symbol romantischer Egozentrik

Ironischerweise wird der Verlauf der Erzählung dann aber zeigen, dass Nathanael an dem Fernrohr keineswegs ein Objektiv besitzt, sondern – wenn die Wortprägung gestattet ist – ein „Subjektiv". Das auf Olimpia gerichtete Perspektiv verstärkt und radikalisiert nämlich seine romantische Perspektive, indem es den Gegenstand so zeigt, wie er in der Traum- und Wunschwelt des eigenen Innern vorgebildet ist, ja aus dem „Blick" der toten Puppenaugen strahlt nur die Lebendigkeit der eigenen Sehnsucht zurück.

Das Perspektiv als Medium dämonischer Einwirkung auf Nathanael

Eine weitere Ironie der zitierten Stelle liegt darin, dass Nathanael, wenn er „ganz ruhig und an Clara denkend", also: vernünftig und realitätsbezogen, Coppolas Gläser begutachtet und an ihnen „gar nichts Besonderes" findet, mit dieser Einschätzung offenkundig irrt. Denn das Perspektiv ist ein Zauber- und Teufelsgerät, sozusagen eine „Spezialanfertigung" Coppelius'/Coppolas für Nathanael, die ihn in der Puppe einen lebendigen Menschen, in der lebendigen Clara aber ein „Holzpüppchen"

„erkennen" lässt. Das Perspektiv ist das dämonische Medium, mit dem ihn die feindliche äußere Macht in Wahnsinn und Selbstmord treibt.

Nathanael ahnt, dass er „das kleine Perspektiv gewiss viel zu teuer bezahlt habe" (26) – und in gewisser Weise sind ihm in diesem Moment ja wirklich die eigenen Augen als Erkenntnisorgan „gestohlen" worden. Gestohlen und ersetzt durch das Perspektiv, das zwar symbolisch nichts anderes ist als die Perspektive seines eigenen Innern, doch das eigene Innere ist eben durch ihm selbst fremde, unheimliche Kräfte zerrissen und verzerrt. Die Sinne sind ihm vergangen und haben dem Wahnsinn Platz gemacht.

Indem die Erzählung am Beispiel des Perspektivs aufzeigt, dass der Perspektivenkonflikt zwischen Aufklärung bzw. strikter Realitätsbezogenheit und Romantik bzw. unbeschränkter Phantasieentfaltung einerseits besteht und andererseits in sich zusammenfallen kann, zwingt sie den Leser dazu, das eigene Wirklichkeitsverständnis zu überprüfen – mit ungewissem Ergebnis. Das führt zu einem Anhalten der Spannung sowie der Beunruhigung, und das sichere Urteil, inwieweit Normalität und Wahnsinn unterscheidbar seien, mag dabei abhanden kommen.

## Künstlerproblematik

| Künstler-problematik | |
|---|---|
| | → Die Künstlerproblematik bekommt in der Romantik einen eigenen Stellenwert. Nathanaels Sonderfall lässt sich in drei Probleme aufgliedern:<br>→ Er kann seine inneren Bilder nur schwer gestalten,<br>→ die subjektiven Bilder kann er keinem realen Publikum, sondern nur einer Puppe mitteilen, und<br>→ seine extreme Isolation und Selbstverfallenheit führen zum Wahnsinn. |

Der Konflikt zwischen Künstler und Gesellschaft ist kein Thema, das erst die Romantiker entdeckt hätten (vgl. Goethes *Torquato Tasso*). Neu ist, mit welcher Hartnäckigkeit und Ausschließlichkeit, geradezu zwanghaft Autoren wie Tieck, Wackenroder, Jean Paul, Brentano, Eichendorff, E.T.A. Hoffmann immer wieder die problematische Figur des Künstlers in den Mittelpunkt ihrer Romane und Erzählungen rücken. Die Eingliederung des künstlerischen Menschen ins praktisch-tätige Leben (wie in Goethes *Wilhelm Meister*) ist von nun an weder erstrebenswertes Ziel, noch auch erscheint sie überhaupt mehr als reale Möglichkeit. Der Künstler als unverstandener, an sich und der Welt leidender, in sich zerrissener, tragisch isolierter Außenseiter und Fremdling, dem Liebe und Glück notwendig versagt bleiben – das ist, stichwortartig vergröbert, eine Problematik, die, von den Romantikern in vielfältigen Variationen aufgegriffen, sich im Verlauf des 19. Jahrhunderts klischeehaft zu verfestigen droht und bis zu Thomas Mann reicht (*Tonio Kröger, Tod in Venedig, Doktor Faustus*).

Zur Tradition des Künstlerproblems

Mit dem Künstlertum Nathanaels scheint es nun allerdings eine eher bescheidene Bewandtnis zu haben: „Nathanaels Dichtungen waren in der Tat sehr langweilig." (20 f.) Unmissverständlich, vernichtend ist das Urteil des Erzählers, und auch an späterer Stelle äußert er sich nur ironisch über die poetische Qualität von Nathanaels Werken:

> „Gedichte, Fantasien, Visionen, Romane, Erzählungen, das wurde täglich vermehrt mit allerlei ins Blaue fliegenden Sonetten, Stanzen, Canzonen, und das alles las er der Olimpia stundenlang hintereinander vor, ohne zu ermüden." (31)

Nathanael mag ein ‚schlechter Dichter' sein, Intensität und Kontinuität seiner künstlerischen Bemühungen stehen indes außer Frage, und allein schon die Quantität der aufgezählten Werke belegt, in welchem Maße das Ringen um poetische (Selbst-)Erkenntnis für ihn lebensnotwendig ist.

Nathanael als (schlechter) Dichter

Die Anlage dazu hat er vielleicht vom Vater geerbt, der den Kindern „viele wunderbare Geschichten" (4) erzählte, und in sehr frühem Alter beginnt Nathanael damit, den Sandmann „in den seltsamsten, abscheulichsten Gestalten überall auf Tische, Schränke und Wände" (5 f.) hinzuzeichnen:

> „Der Sandmann hatte mich auf die Bahn des Wunderbaren, Abenteuerlichen gebracht, das so schon leicht im kindlichen Gemüt sich einnistet." (Ebd.)

Den Sandmann hat der kleine Nathanael also (noch) nicht gesehen, insofern ist das innere Bild von ihm nur Ersatz für das, was die Wirklichkeit zu sehen verweigert. Die phantastische Vision ist darum nicht weniger mächtig, sie ruft zugleich Schrecken und Faszination hervor, und der Versuch, ihr eine künstlerische Form zu geben, ist selbstauferlegte Therapie: Indem Nathanael die Bilder seines Innern objektiviert, nach außen bringt, hofft er, sie psychisch verarbeiten zu können. Dieses Modell – Kunst als Gestaltung und „Bewältigung" individueller Ängste – bestimmt auch Nathanaels spätere Dichtungen, zumal er „die Bahn des Wunderbaren, Abenteuerlichen" auch als Erwachsener nicht verlässt und sich ein „kindliches Gemüt" durchaus bewahrt, vor allem was die Heftigkeit und Ausschließlichkeit des Gefühls betrifft.

Dichtung als Versuch, psychische Vorgänge zu verarbeiten

Überhaupt beruht Nathanaels Dichtertum auf einigen zentralen Grundsätzen, die er mit dem Erzähler teilt und die ihn als spezifisch „romantischen" Dichter ausweisen: Dichtung sei etwas, was man nicht „fein sichten und sondern" (15) könne oder solle, sie erschöpfe sich keineswegs „in anmutigen, lebendigen Erzählungen" (20). Ihre wahrhafte Bedeutung liege darin, in die Bereiche des Irrationalen und Unbewussten vorzudringen, und sie entstehe aus einem Zwang heraus, das innerlich „Geschaute" in Worte zu bannen. Die eigentliche Inspiration aber lasse sich weder durch das Bewusstsein steuern, noch komme sie unmittelbar aus dem eigenen Innern, sie sei vielmehr „das Einwirken irgendeines außer uns selbst liegenden höheren Prinzips" (ebd.).

Funktion und Eigenart romantischer Dichtung

Die Künstlerproblematik, wie sie an dem Sonderfall Nathanael aufscheint, hat demnach exemplarische Bedeutung für den romantischen Künstler schlechthin. Sie lässt sich in drei Probleme aufgliedern, die auf das Engste miteinander verbunden sind.

## Darstellungsproblem

Nathanael sucht die Themen seiner Dichtung in seinem Innern, in Traum und Ahnung, nicht in der äußeren Wirklichkeit. Wie aber lässt sich das Innere nach außen bringen? Auf direktem Wege geht das nicht. Nathanaels Versuch, das vage Empfundene, was er selbst nur andeutungsweise zu fassen vermag, unmittelbar umzusetzen, muss scheitern bzw. führt nur dazu, dass „seine Dichtungen düster, unverständlich, gestaltlos" (20) werden. Die Phantasie kann auch erblassen:

Schwierigkeiten bei der Gestaltung des „inneren Bildes"

> „Die Gestalt des hässlichen Coppelius war, wie Nathanael selbst es sich gestehen musste, in seiner Fantasie erbleicht und es kostete ihm oft Mühe, ihn in seinen Dichtungen, wo er als grauser Schicksalspopanz auftrat, recht lebendig zu kolorieren." (21)

Das heißt: Wo das innere Bild nur blasse Konturen hat bzw. die nötige Inspiration fehlt, kann dieser Mangel nicht dadurch ausgeglichen werden, dass die Darstellung Anleihen bei literarischen Vorbildern macht (wie hier bei den zeitgenössischen Schicksalstragödien eines Zacharias Werner oder Adolf Müllner).

Darstellenswert im eigentlichen Sinne ist nur, was sich mit unabweisbarer Gewalt im eigenen Innern zu einem markanten Bild konkretisiert hat: der Dichter folgt einem „Befehl" und nennt dies Inspiration.

Zwang und Gewalt der poetischen Vision

> „Es kam ihm endlich ein, jene düstre Ahnung, dass Coppelius sein Liebesglück stören werde, zum Gegenstand eines Gedichts zu machen." (Ebd.)

Nun hat der Autor Nathanael sein Thema gefunden, es ist ihm einerseits „diktiert" und andererseits ganz existenziell zu eigen. Die Ausgestaltung des Themas, also die Darstellung im engeren Sinne, ist dann (angeblich) ein eher sekundäres Problem. „Sehr ruhig und besonnen" (21) macht Nathanael sich an die Arbeit – um am Ende zu erleben, dass das Eigenste zugleich das Fremdeste ist: „Wessen grauenvolle Stimme ist das?" (Ebd.) Nur scheinbar ist er Herr der Darstellung („er feilte und besserte an jeder Zeile"), denn letztlich bleibt er das Objekt, das von den „grauenvollen Bildern" beherrscht wird.

Der romantische Künstler weiß sich stärker als die Dichter früherer Epochen von den Themen seiner Kunst heimgesucht und gefährdet, und dennoch weiß er, dass seine Kunst nur dann authentisch ist, wenn er die psychischen Gefahren (bis hin zum Wahnsinn!) dabei in Kauf nimmt.

## Mitteilungsproblem

Nathanael als Dichter ohne Publikum

Der romantische Dichter ist sich der Tatsache bewusst, dass seine Kunst in höchstem Maße subjektiv ist und dass die „Wahrheit" des inneren Bildes sich anderen nicht unmittelbar erschließt. Gleichwohl ist er auf ein Publikum angewiesen und will, dass der Zuhörer/Leser das von ihm „Geschaute" ebenfalls als „wirklich" erlebt. Der Autor will sich mitteilen, will verstanden werden. Und so sucht auch Nathanael jemanden, dem er sich mitteilen kann, jemanden, der die ihn bedrängenden Empfindungen mit ihm teilt, der versteht, was in seinem Inneren vorgeht. Clara hat dieses Verständnis nicht, und das ist eine für Nathanael schmerzliche Erfahrung, wohl aber wird er in Olimpia die ideale Zuhörerin finden. „Nur von dir, von dir allein werd' ich ganz verstanden" (32), ruft er aus, weil es ihm scheint, als habe Olimpia mit ihren wenigen Worten „über seine Werke, über seine Dichtergabe überhaupt recht tief aus seinem Innern gesprochen, ja als habe die Stimme aus seinem Innern selbst herausgetönt" (ebd.). Das heißt: Nathanael hat als Publikum nur die Puppe, das seelenlose Wesen, er hört nicht mehr als das Echo seiner selbst – und als er sich dessen bewusst wird, verfällt er in Wahnsinn. Er „bleibt am Ende ohne Zuhörer" (Belgardt, 1969, S. 688), und dies unterscheidet ihn vom Erzähler.

## Existenzproblem

Wer wie Nathanael die innere Bilderwelt zur Grundlage seines Dichtens macht, gerät in Gefahr, den Blick auf die Außenwelt zu verlieren. Vereinzelung und Vereinsamung sind Bedingungen des poetischen Schaffens, sie sind aber auch in ganz existenziellem Sinn dessen Folge und Ergebnis, wenn der Dichter sich niemandem mehr mitteilen kann. Die poetische Inspiration „entzündet" ihn, aber das Ich kommt aus sich selbst nicht mehr heraus und gerät in einen „Feuerkreis". Isolation und Selbstverfallenheit, von denen jeder romantische Künstler bedroht ist, führen im Extremfall – und ein solcher ist Nathanael – zum offenen Wahnsinn. Das Ich zerreißt und sucht die „Rettung" im Tod. Der Erzähler registriert das – nicht ohne Verständnis und traurige Sympathie, aber doch zugleich mit kritischer Distanz.

Isolation und Selbstverfallenheit

## Liebesgeschichte

Liebesgeschichte

- Nathanaels Liebe zu Clara beruht auf starken Idealisierungen, auf geistig seelischen Projektionen.
- Da Clara nicht viel von Nathanaels Kunst hält und sehr am Irdisch-Gewöhnlichen hängt, kommt es zu Konflikten.
- Dem Automaten Olimpia fehlt jede Individualität. Nathanael kann sein eigenes Selbst vollkommen in ihr spiegeln. Ihre Passivität und Wortkargheit ist das Fundament für sein liebendes Empfinden.
- Dadurch kritisiert die Erzählung einen einseitigen romantischen Liebesbegriff, in dem alltäglich-gewöhnliche Eigenschaften ausgeblendet werden.

Clara und Nathanael sind zu Beginn der Erzählung verlobt. Ihre Beziehung scheint innig und wechselseitig. „Clara hing an dem Geliebten mit ganzer Seele" (19), und Nathanael nennt sie stets sein „holdes Engelsbild" (3, 16). Das ist seit langem so. Schon als Kinder empfanden beide „eine heftige Zuneigung zueinander, wogegen" – und hier hält der Erzähler einen erklärenden Zusatz für notwendig – „kein Mensch auf Erden etwas einzuwenden hatte" (18). Der mögliche Einwand hätte nämlich der Tatsache gegolten, dass Nathanaels Mutter nach dem Tod des Vaters die Waisen Clara und Lothar ins Haus genommen hatte und Nathanael und Clara also wie Bruder und Schwester gemeinsam heranwuchsen.

Frühe Verlobung

So völlig ungetrübt ist die Harmonie zwischen Nathanael und seiner Clara wohl dennoch nicht. Immerhin schreibt Nathanael an Lothar und nicht an sie, und interessanterweise enthält dann Claras Brief einige Hinwei-

Bedrohte Harmonie

se auf frühere Konflikte. Ist es wirklich nur „kindische Neckerei“, dass Nathanael ihr eine Hausfrauenborniertheit vorwarf, derzufolge sie wohl auch in einem einstürzenden Haus noch „ganz geschwinde einen falschen Kniff in der Fenstergardine glattstreichen würde“ (11)? Und an anderer Stelle zitiert Clara vorwegnehmend, was sie von Nathanael wiederum zu hören erwartet: „In dies kalte Gemüt dringt kein Strahl des Geheimnisvollen“ (13).

Künstlerliebe

Hier ist angedeutet, was dann tatsächlich Nathanael und Clara entzweien wird. Nathanaels Liebe ist eine Künstlerliebe, d. h. sie beruht auf einer starken Idealisierung der geliebten Person („Engelsbild“) und verträgt das allzu Irdisch-Gewöhnliche nicht, vor allem keine Verkennung oder Missachtung der eigenen Kunst. Da Clara nun aber Nathanaels Dichtungen „langweilig“ findet und er in ihr dann nur mehr das „kalte prosaische Gemüt“ des Philisters entdeckt, „entfernten beide im Innern sich immer mehr voneinander, ohne es selbst zu bemerken“ (21), und dieser Entfremdungsprozess gipfelt in Nathanaels Ausbruch, Clara habe keine Seele („Du lebloses, verdammtes Automat!“, 22).

Coppelius als (willkommenes?) Ehehindernis

Gewiss, es kommt dann zwischen Nathanael und Clara immer wieder auch zur Versöhnung, doch diese ist im Innersten bedroht. Wann immer nämlich das Liebesverhältnis neu gefestigt erscheint und die Zukunftsperspektive einer glücklichen Ehegemeinsamkeit eröffnet, drängt es Nathanael von dieser Zukunft weg, und „riesengroß“ taucht Coppelius/Coppola auf, die Schreckensfigur seiner Vergangenheit. Die Hartnäckigkeit, mit der Nathanael darauf zurückkommt, dass „dieser widerwärtige Dämon auf entsetzliche Weise ihr Liebesglück stören werde“ (20), weckt den Verdacht, dass Nathanaels Befürchtung vielleicht ein von seinem Ich zensierter unbewusster Wunsch ist, der Ehe mit Clara zu entkommen. Oder anders gesagt: Einerseits will Nathanael an Clara festhalten, andererseits ahnt er, dass es für ihn wohl kaum „das ruhige häusliche Glück“ (37) an ihrer Seite geben kann, das sie sich erträumt. Zu groß ist seine Ichverfallenheit, als dass er fähig wäre, in einer Liebes- und Ehepartnerschaft konfliktlos zu leben.

Zudem ist die Geschichte von Nathanaels Liebe zu Clara – ebenso wie die zu Olimpia – seltsam unerotisch. Liebe ist für Nathanael eine geistig-seelische Projektion. Sie ist so lange rein und ungetrübt, wie ihm die Geliebte zurückstrahlt, was er in sie hineinsieht. Der Wechsel von Clara zu Olimpia und dann wieder zu Clara ist der vom „holden Engelsbild“ (3) zur „himmlischen Frau“ (29), zum „Engel“ (36) – das Liebesobjekt mag sich ändern, die penetrante Idealisierung bleibt dieselbe.

Das „Himmlische“ der Geliebten

Wie kommt es nun dazu, dass Nathanaels Liebe zu Clara durch die zu Olimpia ersetzt wird? Ist der Grund darin zu sehen, dass die „himmlisch-schöne Olimpia“ (26) die Sinne und die Sinnlichkeit Nathanaels stärker anspricht als Clara, die „für schön“ auch nach des Erzählers Urteil „keinesweges gelten“ (18) konnte? Keineswegs: „Clara im Herzen, blieb ihm die steife, starre Olimpia höchst gleichgültig“ (24). Der Wechsel der Wahrnehmung erfolgt erst durch das Perspektiv Coppolas, sei es, dass dieses nun als das Einwirken einer äußeren feindlichen Macht oder als Symbol eines neuen poetisch-imaginativen Schubs verstanden werden soll.

Olimpia ist die ideale Zuhörerin. Weil ihr jede Individualität mangelt, kann Nathanael sein eigenes Selbst in ihr gespiegelt finden, ihre „gänzliche Passivität und Wortkargheit“ (32) wird geradezu die Grundlage für Nathanaels liebendes Empfinden. Seine Liebe ist nichts anderes als ein fortwährender Monolog:

> „Liebst du mich – Liebst du mich Olimpia? – Nur dies Wort! – Liebst du mich?“ So flüsterte Nathanael, aber Olimpia seufzte, indem sie aufstand, nur: „Ach – Ach!“ „Ja du mein holder, herrlicher Liebesstern“, sprach Nathanael, „bist mir aufgegangen und wirst leuchten, wirst verklären mein Inneres immerdar!“ (29)

Es will so scheinen, als versuche die Erzählung am Extremfall Nathanael eine (parodistisch zugespitzte) Kritik am Begriff der romantischen Liebe selbst. *Der Sandmann* lässt sich insofern auch als Variation des bekannten Sprichworts „Liebe macht blind“ lesen.

Kritik am romantischen Liebesbegriff

Nicht nur Nathanael, jeder Liebende „macht sich ein Bild“ von der geliebten Person. Er idealisiert und verklärt es, und er liebt dieses Bild bzw. die Aktivität des Idealisierens im Grunde mehr als die reale Person, deren alltäglich-gewöhnliche Eigenschaften sozusagen ausgeblendet werden. In diesem Sinne hat jede Liebe Elemente von Krankheit, Wahnsinn, Realitätsverlust, und zwar umso mehr, je romantisch-unbedingter sie empfunden wird. Desto schmerzhafter und gefahrvoller ist dann die Ernüchterung, die Rückkehr in die „prosaische“ Realität.

# Komposition

## Die Struktur der Erzählung

| Die Struktur der Erzählung |
|---|
| → Das Spannungsverhältnis der beiden Welten (Clara – Sandmann) bestimmt die Struktur der Erzählung.<br>→ Das Rätselhafte ist mitten in der Realität. Die Mehrdeutigkeit entsteht durch die Perspektivenvielfalt der Erzählung. |

Modellhafte Funktion des ersten Absatzes

„Im ersten Absatz des ‚Sandmanns' stehen sich zwei Welten gegenüber, und diese Konfrontation ist für die Struktur der ganzen folgenden Geschichte bestimmend." (Prawer, 1965, S. 298; Übers. von P. C. Giese) Man sehe nur, welche Adjektive und Adverbien gleich zu Beginn (3) auftauchen:

| | |
|---|---|
| hold (2x) | zerrissen |
| süß | dunkel |
| freundlich (2x) | grässlich |
| hell | schwarz |
| anmutig | undurchdringlich |
| | toll |
| | feindlich |
| | aberwitzig |
| | tödlich |

Die Welt Claras und die Welt des „Sandmanns"

Der erste Bereich bezieht sich auf die Welt Claras, der zweite, umfangreichere auf die des „Sandmanns" – Nathanael lebt in beiden zugleich, und dieses Spannungsverhältnis prägt die Struktur der Erzählung. Ihre Besonderheit liegt darin, dass sie Wirklichkeit als etwas zutiefst Zweideutiges darstellt. Denn es ist ja keineswegs so, dass die klare, helle, freundliche Welt Claras als die der ‚wahren' Wirklichkeit präsentiert würde und die düster-bedrohliche Welt des „Sandmanns" nur als deren verzerrte Spiegelung in der kranken Psyche Nathanaels erschiene. Das Rätselhafte und Unheimliche verschwindet gerade nicht, wenn es auf die Normalität des Alltags zurückgeführt wird, sondern im Gegenteil: Es wird von dieser erst ausgelöst, das „Entsetzliche" kommt aus der Alltagswirklichkeit.

Das Entsetzliche inmitten der Realität

Ein strukturell bedeutsames Beispiel hierfür befindet sich wiederum gleich im ersten Absatz der Erzählung. Alles „Entsetzliche" („dunkle Ahnungen eines grässlichen mir drohenden Geschicks" usw.), gesteht Nathanael,

> „besteht in nichts anderm, als dass vor einigen Tagen, nämlich am 30. Oktober mittags um 12 Uhr, ein Wetterglashändler in meine Stube trat und mir seine Ware anbot." (3)

Die Erklärung erklärt nichts, sondern konfrontiert den Leser mit einer Wirklichkeit, die er nicht deuten kann, wie immer er auch den Deutungen Nathanaels misstrauen mag.

Wann immer das Schreckliche und scheinbar Irrationale zurückgeführt wird auf etwas Normales und Gewöhnliches, erfolgt sogleich die Umkehr, wie sich etwa an dem folgenden Beispiel zeigt:

> „Der Sandmann, der fürchterliche Sandmann ist der alte Advokat Coppelius, der manchmal bei uns zu Mittag isst. – Aber die grässlichste Gestalt hätte mir nicht tieferes Entsetzen erregen können als eben dieser Coppelius." (6 f.)

Mehrdeutigkeit des Textes

Das Wunderlich-Absonderliche bekommt ‚Wirklichkeit', und die Wirklichkeit gibt wiederum den Blick auf das Unheimliche frei. Die so entstehende Mehrdeutigkeit des Textes wird durch die Perspektivenvielfalt der Erzählung begünstigt, nicht aber durch diese erst bewirkt. Der Leser soll „glauben, dass nichts wunderlicher und toller sei als das wirkliche Leben" (17 f.), und dieser Eindruck entsteht unabhängig davon, in welcher Perspektive nun gerade erzählt wird. Alle entscheidenden Fragen, wie z. B. das Rätsel der Coppelius/Coppola-Figur oder das der realen oder symbolischen Beschaffenheit des „Perspektivs", bleiben offen bis zum Schluss.

# Personenkonstellation

| | | |
|---|---|---|
| ➞ | Das gesamte Geschehen ist auf Nathanael ausgerichtet. | Personen-konstellation |
| ➞ | Tritt Coppelius/Coppola auf, verdüstert sich Nathanaels Welt, die Beziehung zu Clara verschlechtert sich, d.h. der Gegensatz Coppelius/Coppola und Clara ist der Gegensatz von Wahnsinn und Vernunft. | |
| ➞ | Der Kontrast Clara und Olimpia ist der von lebendem und künstlichem Menschen, obwohl beide ähnliche Züge aufweisen (schweigsam, starrer Blick). | |

Alles Geschehen ist auf eine Person hin ausgerichtet, Nathanael ist der Held der Erzählung. Seine Beziehungen zu Coppelius/Coppola, zu Clara und zu Olimpia sind die drei entscheidenden Konstellationen, auf denen der Handlungsablauf beruht und an denen zugleich die psychische Entwicklung des Helden ablesbar ist. Diese drei Konstellationen sind durch ein vielfältiges Geflecht von Kontrasten und Parallelen aufeinander bezogen.

Nathanael zwischen Clara und Coppelius/ Coppola

Jedes Auftauchen der Coppelius/Coppola-Figur bedeutet, wie „real“ oder imaginär es auch immer zu verstehen sei, dass sich die Welt Nathanaels verdüstert und die Beziehung zu Clara bedroht ist; andererseits führt jede Rückwendung zu Clara zumindest kurzfristig dazu, dass die Konturen des „Sandmanns“ verblassen und Nathanaels Welt aufgehellt wird. Der Gegensatz zwischen Clara und Coppelius/Coppola bezeichnet auch den zwischen Vernunft und Wahnsinn, und einer naiven Betrachtungsweise mag es mitunter wohl gar so vorkommen, als habe Nathanael sozusagen die ‚freie Wahl‘, als sei er – solange er sich nur an der „verständigen Clara“ orientiere – vor dem unheimlichen „Sandmann“ geschützt. Eine solch naive Betrachtungsweise ist aber unerlaubt und falsch, wie sich spätestens an jener Stelle zeigt, wo „Nathanael ganz ruhig und an Clara denkend“ (25) dem Coppola das fatale „Perspektiv“ abkauft, das sein Leben so einschneidend verändert.

Nathanael zwischen Clara und Olimpia

Ähnlich komplex verhält es sich mit den Konstellationen Nathanael/Clara und Nathanael/Olimpia. Dass Nathanael sich in den wirklichen Automaten verliebt, er-

Parallele und Kontrast

scheint als grausam-ironische Bestrafung dafür, dass er Clara einst als Automaten beschimpft hatte, und das Verhältnis zwischen beiden tritt als Kontrast zwischen lebendem und künstlichem Menschen, zwischen Frau und Puppe hervor. Nathanaels Entscheidung für Olimpia und gegen Clara ist Beweis für seine Verwirrtheit, seinen Wahn. Andererseits gibt es zwischen Olimpia und Clara auch deutliche Parallelen und Entsprechungen, und zwar nicht allein darin, dass Nathanael sie beide mit den gleichen verklärenden Worten belegt („engelschönes Gesicht" bzw. „süßes liebes Engelsbild", 15 f.). Olimpias extreme „Wortkargheit" (32) unterscheidet sich nur graduell, nicht grundsätzlich von „Claras schweigsamer Natur" (19), und wenn Nathanael vorliest, blickt die eine so „starr" wie die andere ihm ins Auge (22, 30). Das haben Clara und Olimpia gemeinsam: der fehlende seelische Ausdruck ihres Blicks macht ihre Augen zu „Spiegeln", die den Betrachter verführen. Was Nathanael an Olimpia fesselt („du tiefes Gemüt, in dem sich mein ganzes Sein spiegelt", 29), ist nichts anderes, als was „Dichter und Meister", ja der Erzähler selbst, beim Anblick Claras empfinden:

> „Können wir denn das Mädchen anschauen, ohne dass uns aus ihrem Blick wunderbare himmlische Gesänge und Klänge entgegenstrahlen, die in unser Innerstes dringen, dass da alles wach und rege wird?" (18)

Insofern erscheint die Konstellation Nathanael/Olimpia sowohl als Kontrast wie als Steigerung und Wiederholung der Konstellation Nathanael/Clara.

Dass es zu der Konstellation Nathanael/Olimpia aber überhaupt kommt, liegt am „Perspektiv", und dieses verweist wiederum auf die Konstellation Nathanael/Coppola.

## Das Gefüge der Namen

| | Das Gefüge der Namen |
|---|---|
| ➞ Rein phantastische Namen stehen authentisch-bekannten und sprechenden Namen gegenüber.<br>➞ Nathanael: fremd, unüblich, auffallend<br>➞ Lothar: kämpferisch-aggressiv<br>➞ Siegmund: der gute Freund, mit dem man rechnen kann<br>➞ Clara: hell, klar, vernünftig<br>➞ Olimpia: ironisch gebrochen; nicht vom Götterberg Olymp, sondern für Nathanael gemacht<br>➞ Coppelius/Coppola mit vielen italienischen Anleihen: coppo = Augenhöhle; coppella = Schmelztiegel; coppellare = kupellieren, läutern; copula = Verbindung, Begattung. | |

Die kompositionelle Sorgfalt, mit der die Erzählung gefertigt ist, erweist sich nicht zuletzt an der Namensgebung. Das Spektrum der im *Sandmann* auftretenden Personen reicht, wenn man auf ihre Namen blickt, vom ganz und gar Phantastischen bis hin zum als authentisch Bekannten und enthält viele „sprechende“ Benennungen.

Fiktive und „wirkliche“ Personen

Da wäre zum einen „der Sandmann“, eine märchenhaft-unwirkliche Figur aus Kindererzählungen, zum anderen der Professor Spalanzani, und der hat wirklich gelebt. Der italienische Naturforscher Lazzaro Spalanzani (1729–99) war einer der ersten Wissenschaftler, die sich mit dem Problem der künstlichen Befruchtung beschäftigten. Und wirklich gelebt hat auch Cagliostro, an dessen Äußeres sich Nathanael (15) durch Spalanzani erinnert fühlt. Giuseppe Balsamo Cagliostro (1743–95) galt dem 18. Jahrhundert als der Typ des genialen Scharlatans und betrügerischen Abenteurers schlechthin. Indem nun die fiktive Figur des „Sandmanns“ (bzw. Coppelius/Coppola) mit der „authentischen“ des Professors Spalanzani zusammengebracht wird – die Konstruktion des menschenähnlichen Automaten ist ihr gemeinsames Werk –, entsteht genau jene innige Verklammerung von Phantastischem und Wirklichem, auf die hin die gesamte Struktur der Erzählung angelegt ist. Der Reiz der Fiktion wird dadurch erhöht, dass ihre Grundvoraussetzungen als denkbar und möglich erscheinen müssen.

**Die „sprechenden" Namen**

**Nathanael**

Auffällig ist die Häufung von „sprechenden“ Namen in der Erzählung. *Nathanael* kommt aus dem Hebräischen und bedeutet soviel wie „Gott hat gegeben“ oder „Gottesgeschenk“. Die griechische Entsprechung, Theodor, ist übrigens einer der Vornamen des Autors Hoffmann. Vielleicht ist bei diesem Namen aber die Bedeutung weniger wichtig als die Funktion: der Name soll als fremd, unüblich, besonders auffallen, so wie ja auch Nathanael anders ist als seine Freunde, die so altdeutsch-vertraute Namen wie Lothar oder Siegmund tragen.

**Lothar**

*Lothar* wird der kämpferisch-aggressiven Komponente seines Namens (im Althochdeutschen eine Zusammensetzung der Begriffe für „berühmt“ und „Heer“) insoweit gerecht, als er für die Schwester im Duell einstehen will und sie am Ende vor der Ermordung rettet.

**Siegmund**

*Siegmund* (ahd. „-munt“ = Schutz) ist der gute Freund, der Nathanael vor der Katastrophe zu bewahren sucht. „Auf mich kannst du rechnen“, sagt er, sodass es sogar dem verblendeten Nathanael dämmert, dass „der kalte prosaische Siegmund es sehr treu mit ihm“ meine (31).

**Clara**

*Clara* steht nicht nur symbolisch für alles Helle, Klare, Vernünftige, sondern dies entspricht auch ihrem Wunsch und Selbstverständnis. Mit der oft beschworenen Klarheit ihres Blicks hat es allerdings eine besondere Bewandtnis: sie kann auch auf das Fehlen eines seelischen Ausdrucks bzw. auf mangelnde „Tiefe“ verweisen, und nicht nur deshalb ist es strittig, inwieweit Clara als eindeutig positive Figur gelten soll.

**Olimpia**

Der Name *Olimpia* ist zutiefst ironisch, denn die Puppe kommt natürlich nicht vom Götterberg Olymp, sondern aus der Werkstatt Coppolas und Spalanzanis, und „himmlisch“ ist sie nur für Nathanael.

**Coppelius/ Coppola**

Mit Bedeutung geradezu aufgeladen sind die Namen *Coppelius* bzw. *Coppola*. In ihnen ist das italienische Wort „coppo“ enthalten, das u.a. „Augenhöhle“ meint. Der Bezug auf Nathanaels Angst vor dem Verlust seiner Augen ist deutlich. Die Coppelius/Coppola-Figur erinnert Nathanael stets an die nächtliche Experimentierszene im Elternhaus, in der er Menschengesichter zu sehen glaubte, die nur „scheußliche, tiefe schwarze Höhlen" (8) anstelle der Augen aufwiesen. Das unheimlich-bedrohliche Verständnis der Figur scheint durch die Namensgebung also bekräftigt, doch andererseits lässt der Name auch an ital. *coppella* („Schmelztiegel") bzw. *coppellare* („kupellieren, läutern") denken, was dem beobachteten Vorgang einen rein technischen und durchaus plausiblen Sinn gäbe. Aber damit nicht genug. In den Namen Coppelius und Coppola ist zugleich das lateinisch-italienische Wort *copula* („Verbindung, Begattung") verborgen, und auch dies gibt einen düster-ironischen Sinn: ist es doch Nathanaels Bindung an Coppelius/Coppola, die seine Beziehung zu Clara stört und vernichtet.

## Zentrales Motiv: Auge und Blick

**Zentrales Motiv: Auge und Blick**

- Die Metapher vom Sandmann verweist auf das ‚gewaltsame' Schließen der Augen, den Wechsel vom Tag zur Nacht, vom Bewussten zum Unbewussten.
- Nathanaels Angst vor dem Verlust der Augen ist die Angst vor dem Verlust der Sinne.
- Das Auge hat eine physische (Wahrnehmung der Außenwelt) und psychische (Inneres wird nach außen gekehrt) Funktion.

Die Metapher vom Sandmann

Das Motiv der Augen ist bereits im Titel der Erzählung zu finden. Wer ihn liest, versucht sich zugleich zu vergegenwärtigen, was denn die Metapher vom „Sandmann" eigentlich meint: Zu Kindern, die nicht von selbst die Augen schließen wollen, um zu schlafen, kommt am Abend der Sandmann, der ihnen das Sehen verwehrt, indem er Sand in ihre Augen streut. Der Wechsel von Tag zu Nacht, von Bewusstsein zu Schlaf und Traum wird in dieser geläufigen Vorstellung also zurückgeführt auf das gewaltsame Eingreifen einer fremden Instanz, der „Sandmann" ist eine Schreckensgestalt. Da dies so ist, ist allerdings in den meisten Kindererzählungen nur noch die verharmlosende Rede von einem „Sandmännchen", das mit erbaulichen Geschichten zur „guten Nacht" überleitet, sodass die ursprüngliche Bedeutung der Metapher gemildert wird oder ganz verloren geht.

E. T. A. Hoffmanns Erzählung steigert die schreckliche Aura des „Sandmanns", indem sie – zunächst im Antimärchen von Nathanaels Kinderfrau (4), dann in der nächtlichen Experimentierszene (6 ff.) – ihn als jemanden erscheinen lässt, der nicht nur für den vorübergehenden Verlust des Sehvermögens sorgt, sondern der es auf das Sehorgan selbst abgesehen hat. Und Nathanaels Angst vor dem Verlust seiner Augen ist dann auch zu verstehen als die – berechtigte – Angst vor dem Verlust seiner Sinne überhaupt, seiner Vernunft. Der Übergang von „Tag" zu „Nacht", den die Metapher vom „Sandmann" markiert, ist zugleich der von Bewusstsein zu Wahn bzw. von gesundem, normalem Leben zu Selbstzerstörung und Tod.

Fünf entscheidende Szenen

Bei allen entscheidenden Szenen, in denen es um Nathanaels Sehvermögen geht, ist der „Sandmann" (den Nathanael als Coppelius bzw. Coppola identifiziert) unmittelbar oder mittelbar zugegen:

- bei der nächtlichen Experimentierszene im Elternhaus („Augen her, Augen her!" 8),
- in Nathanaels Gedicht (21),
- als Nathanael durch die Brillen („Sköne Oke!") geängstigt wird, dann aber doch Coppolas Perspektiv kauft (25),
- bei der Zerstörung der Puppe Olimpia, von der nur ihre Augen übrig bleiben, in denen Nathanael sein Selbst gespiegelt fand (33),
- bei der letzten Szene auf dem Turm („Sieh doch den sonderbaren kleinen grauen Busch" usw., 36 f.).

Es geht aber nicht nur um die Augen Nathanaels. Immer wieder ist die Rede vom Blick der Personen und von dessen Wirkung auf die verschiedenen Betrachter, immer wieder wird der Vorgang des Sehens beschrieben und problematisiert. Warum diese Häufung und Intensität? Die Erzählung, deren Intention darauf zielt, die Vieldeutigkeit der Welt durch das Ineinander von Imagination und Wirklichkeit zum Ausdruck zu bringen, stützt sich eben deshalb auf das Leitmotiv der Augen. Denn das Auge hat eine doppelte Funktion, eine physische und eine psychische. Einerseits ist es Wahrnehmung, d.h. die Außenwelt wird gleichsam nach innen geholt, die Objekte kommen ins Subjekt hinein, und andererseits ist es Ausdruck, d.h. das Innere wird gleichsam nach außen gekehrt, die Empfindungen der „Seele“ strahlen aus, werden Blick.

Die doppelte Funktion des Auges

Wenn jemand „sich ein Bild von etwas macht“, dann kann das zweierlei bedeuten:

1. etwas besonders deutlich beobachten, durch Augenschein überprüfen, erkennen, rational begrenzen (das wäre die Perspektive Claras);
2. etwas erschaffen, hervorbringen, schöpferisch gestalten, poetisch überformen (das wäre die Perspektive Nathanaels).

Sich ein Bild von etwas machen

Das Sehen ist ein Vorgang, der eine objektive und eine subjektive Komponente hat. Dass dem „poetischen“ Nathanael die wahre Wirklichkeit aus dem Blickfeld gerät, ist Claras Vorwurf gegenüber Nathanael, dass der „prosaischen“ Clara nur die Oberfläche der Dinge erscheint und sie diese bloß passiv reflektiert, ist Nathanaels Vorwurf gegenüber Clara. Indem nun die Erzählung die beiden Perspektiven mischt und gegeneinander ausspielt, werden Auge und Blick zum zentralen Motiv.

## Das Motiv des Lachens

**Das Motiv des Lachens**

- Das Lachen der Vernunft und der Humanität wird dem schrecklichen und unnatürlichen Lachen der Wahnsinnigen gegenübergestellt.
- Das Lachen der Teegesellschaft ist der Ausdruck ironischen Spotts.
- Das teuflische Lachen Coppelius' ist Ausdruck seiner dämonischen Überlegenheit.

Es gibt bekanntlich verschiedene Arten des Lachens. Bekannt ist auch, dass es Philosophie und Literatur der Aufklärung waren, die das Lachen mit der Vernunft in Verbindung setzten und in ihm den Ausdruck einer heiter-optimistischen Weltzugewandtheit und Kommunikationsfähigkeit positiv würdigten. Man erinnere sich an den folgenden Dialog aus Lessings Komödie *Minna von Barnhelm* VI,6:

Das Lachen in *Minna von Barnhelm* (IV,6)

> TELLHEIM Sie wollen lachen, mein Fräulein. Ich beklage nur, daß ich nicht mit lachen kann.
>
> DAS FRÄULEIN Warum nicht? Was haben Sie denn gegen das Lachen? Kann man denn auch nicht lachend sehr ernsthaft sein? Lieber Major, das Lachen erhält uns vernünftiger als der Verdruß. [...] Und ist es meine Einrichtung, daß alle Übertreibungen des Lächerlichen so fähig sind? [...]
>
> TELLHEIM [...] Sie sind ernsthaft, mein Fräulein? Warum lachen Sie nicht? Ha, ha, ha! Ich lache ja.
>
> DAS FRÄULEIN O ersticken Sie dieses Lachen, Tellheim! Ich beschwöre Sie. Es ist das schreckliche Lachen des Menschenhasses! [...] Ihr Lachen tötet mich, Tellheim! Wenn Sie an Tugend und Vorsicht [Vorsehung] glauben, Tellheim, so lachen Sie so nicht! Ich habe nie fürchterlicher fluchen hören, als Sie lachen."

Das Lachen der Vernunft und Humanität wird hier dem bitteren, schrecklichen und unnatürlichen Lachen des Misanthropen entgegengesetzt. Minna bemüht den Prozess der Komödie gegen die tragische Isolierung ihres düster unter sein Geschick sich beugenden Partners. Die Parallele zwischen Lessings Minna und Hoffmanns Clara ist leicht zu ziehen.

Parallele zwischen Lessings Minna und Hoffmanns Clara

Clara, an der der Erzähler ihren „helle[n] Blick, und jenes feine ironische Lächeln" als Zeichen ihres „gar hellen scharf sichtenden Verstand[es]" (19) hervorhebt, ist wegen ihrer aufgeklärt-optimistischen Weltsicht Nathanaels Gegenfigur – und beide sind sich dessen auch bewusst. So reflektiert Nathanael in seinem ersten Brief, noch bevor er seine schrecklichen Kindheitserlebnisse berichtet, über die Reaktion von Clara und ihrem Bruder:

> „Indem ich anfangen will, höre ich Dich [Lothar] lachen und Clara sagen: das sind ja rechte Kindereien!'" (3 f.)

Und Clara ihrerseits entschuldigt sich in ihrem Antwortbrief dafür, dass sie trotz allem „ganz heitern, unbefangenen Sinnes [sei], wie immer" (12). Das heißt: Nathanael fürchtet Claras Lachen als Indiz dafür, dass sie ihn nicht verstehen kann oder will, dass sie den Ernst seiner

Lage verkennt, und Clara lacht zwar und ist heiter und findet wie Minna von Barnhelm alle Übertreibungen im Grunde lächerlich, redet aber Nathanael und sich selbst ein, dies tue ihrer Liebe zu ihm keinen Abbruch. Nathanael fürchtet dieses Lachen, es ist ihm, weil allzu verständig, unlieb und zuwider, und dennoch beschwört er in seltsamem Masochismus dieses Lachen geradezu herauf, als hätte er an ihm noch eine Art vernünftigen Halt:

Nathanaels Bitte, man möge ihn auslachen

> „Lacht, ich bitte Euch, lacht mich recht herzlich aus! [...] es ist, als flehe ich Euch an, mich auszulachen, in wahnsinniger Verzweiflung, wie Franz Moor den Daniel." (4)

Die Parallele zwischen Nathanael und Tellheim, wie sie das Zitat aus *Minna von Barnhelm* zu ziehen erlaubt, erweist sich nun aber als starker Kontrast. Denn während Tellheim zu einem künstlichen Lachen sich zwingt, gerade weil er seine Situation in bitterer Erkenntnis durchschaut zu haben glaubt, verhält es sich mit Nathanael viel furchtbarer. Sein Lachen ist kein Ausdruck seiner Bewusstheit, sondern das Subjekt ist einer fremden, unheimlichen Macht, dem „Es", unterworfen:

> „aber nur es [das Entsetzliche] denkend, lacht es wie toll aus mir heraus." (3)

Das Lachen, das aus Nathanael herausbricht, ist etwas Fremdes, Unkontrolliertes und Unkontrollierbares, dem unmenschlichen Gebrüll eher als einer menschlichen Gemütsregung verwandt. Bei seinem ersten Wahnsinnsausbruch, nach der Katastrophe mit Olimpia, gehen „seine Worte [...] unter in entsetzlichem tierischen Gebrüll". (34) Und in der abschließenden Wahnsinnsszene auf dem Turm verschmelzen Gebrüll und Lachen:

> „grässlich brüllte er auf, wie ein gehetztes Tier; dann sprang er hoch in die Lüfte und grausig dazwischen lachend schrie er in schneidendem Ton: ‚Holzpüppchen dreh dich – Holzpüppchen dreh dich.'" (36)

Das Lachen der Vernunft und das Gelächter des Wahnsinns

Die Konstellation Clara/Nathanael lässt sich demnach auch beschreiben als die des Lachens der Vernunft und des Bewusstseins gegenüber dem Gelächter des Wahnsinns, ja mehr noch: Clara versteht ihr eigenes Lachen als Programm und Therapie:

> „Sei heiter – heiter! – Ich habe mir vorgenommen, bei Dir zu erscheinen, wie Dein Schutzgeist, und den hässlichen Coppola […] mit lautem Lachen fortzubannen." (14)

So einleuchtend und sympathisch Claras Absicht auch erscheinen mag, so wäre gleichwohl zu bedenken, ob sich in ihr nicht auch die Hybris des gesunden Menschenverstandes meldet, der Wahn nämlich, über Dinge und Menschen stets in souverän-heiterem Überblick gebieten zu können und alles Unerklärliche für nicht-existent zu erklären.

Das Lachen in der Teegesellschaft

Im *Sandmann* begegnen uns noch zwei weitere Varianten des Lachens: die eine harmlos, oberflächlich, der Konversation zugehörig, die andere unheimlich, bösartig, Indikator einer fremden Gewalt. Worüber lacht man in der Teegesellschaft? Über das Unangemessene, über das, was gutem bzw. modisch-aktuellem Geschmack zuwiderläuft. So heißt es etwa über die Reaktion der Gäste, nachdem der von Olimpias Gesang hingerissene Nathanael laut ihren Namen gerufen hat:

> „Alle sahen sich um nach ihm, manche lachten." (28)

Und wenig später vermerkt der Erzähler:

> „offenbar ging das halbleise, mühsam unterdrückte Gelächter, was sich in diesem und jenem Winkel unter den jungen Leuten erhob, auf die schöne Olimpia." (28 f.)

Es handelt sich hierbei nicht um das Lachen der scharfsinnig durchschauenden Erkenntnis bzw. der hellen und klaren Vernunft, sondern um den Ausdruck ironischen Spotts, wobei auffällt, dass es gerade die jungen Leute sind, die das Abgemessene und Steife in Olimpias Haltung als unzeitgemäß bemerken, während die meisten anderen darin lediglich den Zwang erblicken, „den ihr die Gesellschaft auflegte" (27), und daher keinen Grund zu spöttischem Lachen finden. Wo die gesellschaftlichen Konventionen etwas Gezwungenes und Mechanisches als normal empfinden lassen, kann es nur schwer zum befreienden Lachen über solch automatenhafte Unnatürlichkeit kommen, allenfalls zu halblautem, spöttisch-distanziertem Gelächter.

Von extrem anderer Qualität ist das Lachen des Coppelius. „Das schiefe Maul verzieht sich oft zum hämischen Lachen“ (7). Er „lachte recht teuflisch“ (ebd.), erinnert sich Nathanael, und noch im Traum will es ihm scheinen, als „lachte [er ihn] hämisch an“ (10). Feindlich und entsetzlich wirkt dieses Lachen auf Nathanael, weil es Ausdruck einer dämonischen Überlegenheit, eines unheimlichen Mehrwissens in Bezug auf seine Zukunft zu sein scheint. So geht es ihm natürlich auch bei Coppola. Dieser bietet ihm die „sköne Oke“ an, „indem sich das weite Maul zum hässlichen Lachen verzog“ (24), und er macht sich „mit heiserem widrigen Lachen“ (25) von Nathanael, der ihn packen will, los. Noch nach seinem Weggang hört Nathanael ihn „auf der Treppe laut lachen“ (26) und fühlt dabei seine Befürchtung bestätigt, dass er ihm die Ware in jeder Hinsicht „zu teuer bezahlt“ habe: es handelt sich um ein grelles, teuflisches Hohngelächter.

Das teuflische Lachen des Coppelius

Dieses Lachen als Ausdruck eines zynisch-dämonischen Vorauswissens ist auch der letzte Laut, den der Erzähler vermerkt – bevor Nathanaels Körper vom Turm herab auf dem Boden aufschlägt:

Wer zuletzt lacht, ist Coppelius

> „da lachte Coppelius sprechend: ‚Ha ha – wartet nur, der kommt schon herunter von selbst.‘“ (37)

Wer zuletzt lacht, ist Coppelius, der „Sandmann“. Die Absicht Claras, ihn durch das Lachen der Vernunft „fortzubannen“ (14), ist gescheitert. Der Erzähler hatte es vorausgesehen: „die Geschichte ist aber gar nicht spaßhaft“ (17).

## Weitere Motive

**Weitere Motive**

- Die Treppe als symbolischer Ort ist die Grenze zwischen Außen und Innen.
- Die Metaphorik von Feuer und Flamme steht für Wahnsinn und dämonische Macht, aber auch für dichterische Inspiration und Begeisterung.

Die Treppe

Das Kind Nathanael erlebt das Auftauchen des „Sandmanns“ im wörtlichen Sinne als Heimsuchung. Er kommt von draußen nach drinnen, Nathanael hört ihn „schweren langsamen Tritts die Treppe heraufpoltern“ (4). Und Coppola überfällt Nathanael geradezu mit seiner Gegenwart: unangekündigt ist er da, drängt in die Stube hinein. Das erste Mal geht er von selbst, als Nathanael „drohte, ihn die Treppe herabzuwerfen“ (3), das zweite Mal geht er erst nach dem Verkauf des Perspektivs, und Nathanael hört ihn danach „auf der Treppe laut lachen“ (26).

In dem Maße, wie Coppelius/Coppola als eine äußere Macht zu gelten hat, die es auf Nathanaels Inneres abgesehen hat, wird die Treppe zum symbolischen Ort. Sie ist die Grenzscheide zwischen „Außen“ und „Innen“, zwischen realer und imaginierter Wirklichkeit, hier ist das Unheimliche ganz nahe. Die letzten Stufen des Aufstiegs – im Treppenhaus Spalanzanis wie zuletzt auf dem Turm – sind die Vorbereitung für Nathanaels Sturz in Wahnsinn und Tod: So hört er „schon auf der Treppe“ (32) das Kampfgetöse zwischen Coppola und Spalanzani und sieht, wie Coppola, die leblose Figur Olimpia auf den Schultern, mit fürchterlich gellendem Gelächter rasch die Treppe herabrennt (33), und so muss er am Schluss „die vielen Stufen“ (36) erklettern, bevor er sich, als er Coppelius erblickt, herabstürzt.

Das Motiv der Treppe taucht mehrfach auf, und an wichtigen Stellen, aber es durchstrahlt den Text nicht, ist kein Leitmotiv im klassischen Sinn. Anders verhält es sich mit dem Motiv des Feuers. Es ist das Zentrum eines Wortfeldes von Substantiven, Adjektiven und Verben (Hitze, Flamme, glühend, entzünden usw.), das den Text ganz wesentlich bestimmt, und es hat mehrere – positive wie negative – Bedeutungen, die ineinander verschlungen sind.

Feuer und Hitze

Das Motivgefüge Coppelius – Feuer – Verhängnis

In der nächtlichen Experimentierszene erlebt Nathanael das Feuer als ein dämonisches, dem Coppelius zugehöriges Element, das an Satan und Hölle gemahnt. Er selbst ist in die Rolle des Opfers gedrängt, die Herdflamme beginnt sein „Haar zu sengen“, Coppelius will ihm

„glutrote Körner“ in die Augen streuen. (9) Wer aber – wie Nathanaels Vater – einen „Bund mit dem teuflischen Coppelius“ (11) eingeht, wird diesem ähnlich, seine Gesichtszüge formen sich zum „Teufelsbilde“ (9), und am Ende kommt er durch das Feuer um („lag mein Vater tot mit schwarz verbranntem grässlich verzerrtem Gesicht“, 10). Das Motivgefüge Coppelius – Feuer – Verhängnis spielt auch eine Rolle bei dem fatalen Wohnungswechsel Nathanaels, der ihn genau dem Fenster Olimpias gegenüberbringt: denn er wird dadurch erzwungen, dass Nathanaels altes Haus „niedergebrannt“ ist, wobei „das Feuer in dem Laboratorium des Apothekers“ im untersten Stock ausgebrochen war. (24)

Die Flamme der poetischen Inspiration

Die Metaphorik von Feuer und Flamme wird andererseits herangezogen, um den Charakter der dichterischen Inspiration und Begeisterung zu verdeutlichen:

> „Es gärte und kochte in dir, zur siedenden Glut entzündet sprang das Blut durch die Adern,“

so redet der Erzähler auf den Leser als seinen angeblichen Kollegen ein und fährt fort:

> „die nüchternen Fragen der Freunde schlagen, wie eisige Windeshauche, hinein in deine innere Glut, bis sie verlöschen will.“ (16 f.)

Genauso ergeht es Nathanael. Auch er fühlt sich durch seine inneren Bilder entflammt, sein „poetisches Gemüt“ entfremdet ihn den „kalten prosaischen Menschen“ (31), und vergeblich ist seine Hoffnung, „Claras kaltes Gemüt“ könne durch sein Gedicht „entzündet werden“ (21 f.). Das führt ihn zu Olimpia. Als er das erste Mal durch Coppolas Perspektiv auf sie blickt, scheint es ihm, „als wenn nun erst die Sehkraft entzündet würde; immer lebendiger und lebendiger flammten die Blicke“ (26). Die Hitze der poetischen Imagination wird nun zu brennender Leidenschaft, „in Nathanaels Innerm glühte höher auf die Liebeslust“ (28).

„Feuerkreis“ und Wahnsinn

Die ständige Erhitzung des Gemüts ist eine Gefahr für die Gesundheit des Ichs, daher wird das Motiv des Feuers auch immer da verwendet, wo von Nathanaels Wahnsinn die Rede ist: Coppelius „wirft ihn in einen flammenden Feuerkreis“ (21), „da packte ihn der Wahnsinn mit glühenden Krallen“ (34), da „glühten und sprühten Feuerströme durch die rollenden Augen“ (36). Das Leitmotiv des Feuers verbindet demnach die Problemkreise Künstlertum, Wahnsinn, dämonische Macht (Coppelius), indem es ihnen ein gemeinsames Symbol liefert.

# Erzählperspektive

| | |
|---|---|
| → Der Erzähler erweist sich als auktoriale Instanz, erfüllt aber nicht alle damit gestellten Erwartungen.<br>→ Auktoriale und personale Erzählperspektive sind nicht immer eindeutig zu erkennen.<br>→ Die beiden Zwischenreden sind Mittel der Desillusionierung und des Retardierens der Spannung. Sie sind aber auch eine Leseanleitung. | Erzählperspektive |

## Mehrperspektivisches Erzählen

Erzählerloser Beginn

Die Erzählung beginnt gleichsam „wie von selbst", mit einem Briefwechsel, also erzählerlos. Die drei Briefe mit ihrer jeweils deutlich markierten Ich-Perspektive werden wie „Dokumente" vorgelegt, die Fiktion des Authentischen wird aufgebaut, und mancher Leser erwartet wohl gar einen Anschluss „Der Herausgeber an den Leser" (wie z. B. in Goethes *Werther*). Der Erzähler meldet sich aber folgendermaßen zu Wort:

> „Nimm, geneigter Leser! die drei Briefe, welche Freund Lothar mir gütigst mitteilte, für den Umriss des Gebildes, in das ich nun erzählend immer mehr und mehr Farbe hineinzutragen mich bemühen werde." (17)

Drei Modelle des Erzähleinsatzes

Diese Erklärung lässt in der Schwebe, inwieweit das Erzählte der „Wirklichkeit" nachgeschrieben oder vom Erzähler „erfunden" ist. Zu dem „Umriss" sei es deshalb gekommen, weil der Erzähler zuvor, in dem Bemühen, Nathanaels Geschichte „bedeutend – originell, ergreifend, anzufangen" (17), drei verschiedene Eröffnungsmodelle erwogen und schließlich verworfen habe:

> „‚Es war einmal' – der schönste Anfang jeder Erzählung, zu nüchtern! – ‚In der kleinen Provinzial-Stadt S. lebte' – etwas besser, wenigstens ausholend zum Klimax. – Oder gleich medias in res: ‚Scher' Er sich zum Teufel, rief, Wut und Entsetzen im wilden Blick, der Student Nathanael, als der Wetterglashändler Giuseppe Coppola' – Das hatte ich in der Tat schon aufgeschrieben, als ich in dem wilden Blick des Studenten Nathanael etwas Possierliches zu verspüren glaubte; die Geschichte ist aber gar nicht spaßhaft." (17)

Jedes der drei Erzählmuster hätte den Erzähler (und den Leser) auf einen bestimmten Wirklichkeitsmodus festgelegt: Der Märchenbeginn hätte das Wunderbare als nahezu selbstverständlich legitimiert, der objektiv-berichtende Einsatz dagegen wäre dem „Realismus" verpflichtet, und das dritte Modell wäre das eines subjektiv-emotionalen Verwickeltseins.

Die Intention des Erzählers

Indem sich der Erzähler, scheinbar resignierend („Ich beschloss gar nicht anzufangen"), mit der Wiedergabe eines „Umrisses" begnügt, hält er sich in Wahrheit alle drei Möglichkeiten des Erzählens offen und wird je nach seiner Wirkungsabsicht mal ferner, mal näher an seinen Helden rücken, mal das Wunderliche, mal das Realistische der Begebenheiten betonen. Wo im Einzelnen sich „etwas Possierliches" zu offenbaren scheint, ist das Ganze dennoch „gar nicht spaßhaft": die angemessene Erzählperspektive sei daher die, auf jede Eindeutigkeit der Darstellung und des Urteils zu verzichten. Die Briefe Nathanaels und Claras werden konsequenterweise zum integralen Bestandteil der Erzählung selbst, ohne dass der Erzähler sich zu einer wertenden Stellungnahme veranlasst sähe. Das heißt: Der Erzähler gibt sich als auktoriale Instanz zwar zu erkennen, kann oder will aber den damit an ihn gestellten Erwartungen nicht entsprechen.

## Auktoriale und personale Perspektive

Die auktoriale Perspektive

Der auktoriale Erzähler stellt sich als jemand dar, der über wichtige Informationen verfügt. Er kennt die Vorgeschichte der Personen, nennt ihre Lebensumstände, wählt dasjenige aus, was „zu wissen nötig" (18) ist. Das klingt dann etwa so:

Die personale Perspektive

> „Das Glück war unterdessen in das Haus eingekehrt; denn ein alter karger Oheim, von dem niemand etwas gehofft, war gestorben und hatte der Mutter nebst einem nicht unbedeutenden Vermögen ein Gütchen in einer angenehmen Gegend unfern der Stadt hinterlassen." (36)

Der Leser hat keinen Anlass, dieser Mitteilung zu misstrauen. Hier werden Tatsachen berichtet, der Erzähler ist eine verlässliche Instanz, die Orientierungshilfe schenkt. Anders in dem folgenden Beispiel:

> „Ganz verzweifelt und getrieben von Sehnsucht und glühendem Verlangen lief er hinaus vors Tor. Olimpias Gestalt schwebte vor ihm her in den Lüften und trat aus dem Gebüsch, und guckte ihn an mit großen strahlenden Augen, aus dem hellen Bach." (26 f.)

Der Leser erkennt, dass hier aus der Sicht Nathanaels heraus erzählt wird; er weiß, dass er das, was über Olimpia gesagt wird, nicht als „wirklich" verstehen soll. Die personale Perspektive zeigt die Vorgänge nicht, wie sie sind, sondern wie sie der Person erscheinen – aber dies ist eben auch ganz offensichtlich und daher nicht dazu angetan, den Leser zu verwirren.

Verrätselung der Perspektive

Die Besonderheit der *Sandmann*-Erzählung liegt nun aber darin, dass auktoriale und personale Perspektive keineswegs immer so eindeutig unterscheidbar sind wie in den zitierten Beispielen. Die für die Erzählung repräsentative Darbietungsform findet sich vielmehr in Sätzen wie diesen:

> „Er ergriff ein kleines sehr sauber gearbeitetes Taschenperspektiv und sah, um es zu prüfen, durch das Fenster. Noch im Leben war ihm kein Glas vorgekommen, das die Gegenstände so rein, scharf und deutlich dicht vor die Augen rückte. Unwillkürlich sah er hinein in Spalanzanis Zimmer." (25)

Der erste Satz ist unverfänglich. Er formuliert die in auktorialer Perspektive übliche Außensicht auf Person, Ding und Vorgang. Beim Folgesatz weiß der Leser schon nicht mehr genau, ob er ihn als Aussage über die tatsächliche Beschaffenheit des Perspektivs werten darf oder ob der Erzähler zur personalen Perspektive gewechselt hat und jetzt lediglich notiert, wie Nathanael die Situation „vorkommt". Falls dies aber so sein sollte und also zu verstehen wäre, dass Nathanael sich täuscht, so bliebe unklar, ob die Täuschung von ihm ausgeht oder durch das Perspektiv erst bewirkt wird, und unklar wäre dann weiter, ob die „Unwillkürlichkeit", mit der Nathanaels Blick sich auf Olimpia richtet, Zufall ist oder geheimer, vom Perspektiv ausgehender Zwang.

„Versteckspiel" des Erzählers

Der Leser weiß nicht mehr, woran und an wen er sich halten soll; der auktoriale Erzähler hat sich stillschweigend verabschiedet, taucht aber immer wieder auch unvermittelt auf, vermerkt z.B. mit unumstößlicher Autorität und Sicherheit des Urteils: „Nathanaels Dichtungen waren in der Tat sehr langweilig." (20f.) Durch solche Interventionen bleibt dem Leser die auktoriale Erzählsituation bewusst, und er hofft wohl bis zuletzt auf eine klärende, wertende Stellungnahme des Erzählers, die endlich Aufschluss darüber gibt, wie denn alles zu verstehen sei. Diese Hoffnung erfüllt sich nicht. Wann immer etwas eindeutig geklärt wird, sind es Nebensachen, bei den entscheidenden Fragen versagt die Allwissenheit des Erzählers.

## Die Funktion der Zwischenreden

Illusionszerstörung

Der fiktive Erzähler tritt an zwei wichtigen Stellen der Erzählung mit einer Anrede an den Leser hervor: das erste Mal nach der Vorlage der drei „authentischen" Briefe, das zweite Mal nach dem Ende der Olimpia-Episode, als er sich von dem im „Tollhause" (34) untergebrachten Nathanael abwendet. Im ersten Fall wird der gleichsam „dokumentarische" Zusammenhang durchbrochen und relativiert, indem sich derjenige zu erkennen gibt, der dem Leser etwas „zu erzählen unternommen" (16) hat, im zweiten Fall wird der Leser gewaltsam aus dem Geschehen herausgerissen und auf einen Nebenschauplatz geführt. In technisch-formalem Sinn handelt es sich bei beiden Einschüben um Mittel der Desillusionierung und des Retardierens der Spannung. Die Bedeutung zumal der ersten Zwischenrede geht indes darüber hinaus: Der Erzähler, der aus dem Erzählten heraustritt, um über Bedingungen, Möglichkeiten und Grenzen des Erzählens zu reflektieren, ist ein Ironiker.

Romantische Ironie

Er legt die Konstruktion bloß und kehrt damit den Kunstcharakter der Darstellung heraus, d.h. die Erzählung zeigt das, was sie darstellt, bewusst als ästhetische Wirklichkeit und gesteht ihre Begrenztheit ein, will aber zugleich auf die sehr viel reichere Wirklichkeit des Lebens selbst verweisen, wohl wissend, „dass dieses der

Dichter doch nur, wie in eines matt geschliffnen Spiegels dunklem Widerschein, auffassen könne“ (18). Die Selbstreflexion des Erzählers, mit der er sich sowohl zum Urheber wie zum Bestandteil des Erzählten macht, ist eine Absage an die naiv-unmittelbare Erlebnisdichtung (wie sie dem Sturm und Drang als Ideal vorschwebte) und eine Absage auch an das „objektive“, in sich vollendete und vollkommene Werk der Klassik.

Die „Konstruktion“ des Lesers

Die Ironie als ein Kontinuum der Reflexion umfasst nicht nur das Problem der künstlerischen Darstellung, sie begreift den Rezeptionsprozess mit ein, ja sie erschafft sich geradezu den „richtigen Leser“. Die Leseranrede suggeriert dem Leser, er sei eine Art Kollege des Erzählers, und beschreibt damit, wie er sein soll: Die Leseranrede ist eine getarnte Leseanleitung. Der Leser muss nicht nur intelligent und „verständig“ (wie Clara) sein, sondern auch bereit, „Wunderliches zu ertragen“ (17), er muss ein reiches Maß an Sensibilität und Phantasie aufweisen (wie Nathanael und der Erzähler), er soll einen Sinn für Witz und Ironie haben und sich nicht übermäßig irritiert zeigen, wenn er als „Geneigtester“ (16) direkt angesprochen wird – vor allem soll er nicht so dümmlich-beschränkt urteilen wie ein gewisser „Professor der Poesie und Beredsamkeit“ (35).

Verhältnis Erzähler/Nathanael

Die bemerkenswerteste Funktion der ersten Zwischenrede liegt wohl darin, dass der Erzähler sein Verhältnis zu Nathanael offen legt. Er bekennt, wie nah er sich seinem „armen Freunde“ verwandt fühle, und Inhalt und Stil seiner Worte gleichen sich denen Nathanaels an. Wer hat denn etwas erlebt, das ihm „Brust, Sinn und Gedanken ganz und gar erfüllte, alles andere daraus verdrängend?“ (16) Das wäre doch wohl Nathanael, der über sein „Sandmann“-Erlebnis bzw. über sein „inneres Bild“ sagen könnte: „Das Wunderbare, Seltsame davon erfüllte meine ganze Seele.“ (17) In der Tat sind das aber Selbstaussagen des Erzählers. Und er tut noch mehr: indem er suggestiv auf den Leser als „Kollegen“ einredet, versucht er zugleich, ihn auf jene schwärmerisch-übersteigerte Gefühlslage des kreativen Menschen zu verpflichten, die er mit Nathanael teilt:

> „Es gärte und kochte in dir, zur siedenden Glut entzündet sprang das Blut durch die Adern und färbte höher deine Wangen. Dein Blick war so seltsam als wolle er Gestalten, keinem andern Auge sichtbar, im leeren Raum erfassen und die Rede zerfloss in dunkle Seufzer." (16)

Die Metaphorik der Erhitzung verbindet die Selbstcharakteristik des Erzählers mit der Beschreibung von Nathanaels innerem Zustand und zieht damit die Parallele zwischen künstlerischem Schaffensprozess und Wahnsinn. Gleichzeitig wird aber auch deutlich, was den Erzähler von Nathanael trennt: Er hat einen Zuhörer bzw. Leser, an den er sich wenden kann, und er reflektiert ständig über das Verhältnis des „innern Bildes" zum wirklichen Leben.

# Sprache und Stil

| | |
|---|---|
| → Neben einer atemlos-ekstatischen gibt es eine souverän-distanzierte Erzählweise.<br>→ Sie stehen für die romantisch-suggestive bzw. aufklärerisch-nüchterne Weltsicht. | Sprache und Stil |

Der Sprachduktus der Erzählung ist geprägt durch den Wechsel zweier verschiedener Stillagen. Es wird gleichsam mit zwei verschiedenen Stimmen erzählt. Die eine klingt so:

Die „erste Stimme" der Erzählung

> „Claras, Lothars Briefe fielen ihm dabei in die Hände; gleichgültig warf er sie beiseite, fand den Ring, steckte ihn ein und rannte herüber zu Olimpia. Schon auf der Treppe, auf dem Flur, vernahm er ein wunderliches Getöse; es schien aus Spalanzanis Studierzimmer heraus zu schallen. – Ein Stampfen – ein Klirren – ein Stoßen – Schlagen gegen die Tür, dazwischen Flüche und Verwünschungen. Lass los – lass los – Infamer – Verruchter! – Darum Leib und Leben daran gesetzt? – ha ha ha ha! – so haben wir nicht gewettet – ich, ich hab' die Augen gemacht – ich das Räderwerk – dummer Teufel mit deinem Räderwerk – verfluchter Hund von einfältigem Uhrmacher – fort mit dir – Satan – halt – Peipendreher – teuflische Bestie! – halt – fort – lass los! – Es waren Spalanzanis und des grässlichen Coppelius Stimmen, die so durcheinander schwirrten und tobten. Hinzu stürzte Nathanael von namenloser Angst ergriffen." (32 f.)

Der Erzähler gibt jede Distanz gegenüber Nathanael und dem dargestellten Geschehen auf, er reißt den Leser mit in die Bewegung hinein. Die Sätze sind parataktisch gebaut, das Tempus verliert seine Vergangenheitsbedeutung, der Vorgang wird als gegenwärtig erlebbar (Z. 1–6). Anteilnahme, Schrecken, Spannung des Lesers werden weiter gesteigert, der Folgesatz ist nur mehr eine Ellipse, in der sich akustische Wahrnehmungen zusammenballen (Z. 6–8). Danach nur noch Fetzen wörtlicher Rede, Ausrufe, Wiederholungen, bei denen kaum unterscheidbar ist, wer denn gerade ruft oder schreit: Emphase und drängendes Tempo bestimmen die Hektik der szenischen Darstellung (Z. 9–14). Nun erst vermerkt der Erzähler, um wessen Stimmen es sich handelte (Z. 14–16), bevor er wieder zu Nathanael überleitet, aus dessen Sicht doch das ganze Geschehen geschildert war (Z. 16f.).

Neben dieser atemlos-ekstatischen Stimme ist eine andere zu hören, und die klingt so:

Die „zweite Stimme" der Erzählung

> „Ehe ich, günstiger Leser! dir zu erzählen fortfahre, was sich weiter mit dem unglücklichen Nathanael zugetragen, kann ich dir, solltest du einigen Anteil an dem geschickten Mechanikus und Automaten-Fabrikanten Spalanzani nehmen, versichern, dass er von seinen Wunden völlig geheilt wurde. Er musste indes die Universität verlassen, weil Nathanaels Geschichte Aufsehen erregt hatte und es allgemein für gänzlich unerlaubten Betrug gehalten wurde, vernünftigen Teezirkeln (Olimpia hatte sie mit Glück besucht) statt der lebendigen Person eine Holzpuppe einzuschwärzen." (34)

Der Erzähler tritt aus dem Geschehen heraus und stellt sich dem Leser gegenüber. Die Spannung bzw. die Illusion des unmittelbaren Verwickeltseins wird durchbrochen, der Satzbau ist hypotaktisch, verschachtelt, weist Einschübe auf, der Stil ist souverän und distanziert, der Erzähler gebietet über die Zeitebene und den nötigen Überblick.

Verhältnis der „beiden Stimmen" zueinander

Die beiden Erzählstimmen verhalten sich zueinander so wie die phantastischen zu den „realistischen" Elementen der Erzählung bzw. wie die romantisch-suggestive zu der aufklärerisch-nüchternen Weltsicht. Beide zusammen machen die Erzählung aus, und daher stehen auch höchst unterschiedliche Stilmittel neben- und gegeneinander: Die eine Stimme ist die der emotionalen Beteiligung. Sie tendiert zur wörtlichen Rede und gebraucht dabei vor allem das Stilmittel der insistierenden Wortverdoppelung: zu Bette, zu Bette; Augen her, Augen her; Ach, der Herr, der Herr; sei heiter, heiter; Clara, Clara; sköne Oke, sköne Oke; ach, ach; ihm nach, ihm nach – um nur einige Beispiele zu nennen. Die Intensität des Erlebens wird durch rhythmisierte Zweiergruppen zum Ausdruck gebracht (3): „Saus und Braus", „Herz und Sinn", „ganz und gar", „täglich und stündlich" oder auch durch das Stilmittel der Synästhesie (z. B. 18 und 28).

Verschiedene Stilmittel

Die andere Stimme ist die der ironischen Distanz. Sie bedient sich der Doppelsinnigkeit einzelner Worte:

> „zu seinem Erstaunen blieb darauf Olimpia bei jedem Tanze sitzen und er ermangelte nicht, immer wieder sie *aufzuziehen*." (28; Hervorhebung von P. C. Giese)

Mitunter delegiert der Erzähler auch seine Ironie und lässt Clara mit heiterem Spott sagen:

> „Aber lieber Nathanael, wenn ich *dich* nun das böse Prinzip schelten wollte, das feindlich auf meinen Kaffee wirkt?" (20)

Oder er lässt Spalanzani den „Dialog" zwischen Nathanael und Olimpia mit den Worten kommentieren: „Sie haben sich außerordentlich lebhaft mit meiner Tochter unterhalten" (29 f.).

Die Ironie-Signale häufen sich in der gesamten Olimpia-Episode sowie in dem anschließenden sarkastischen Porträt der Teegesellschaft (34 f.).

# Historischer und literarischer Kontext

## E.T.A. Hoffmann und die Diskussion des Wahnsinns

| E.T.A. Hoffmann und die Diskussion des Wahnsinns | → Tagebucheintragungen belegen, dass E.T.A. Hoffmann befürchtete, wahnsinnig zu werden.<br>→ Der Wahnsinn verlor im 19. Jahrhundert das Etikett des übernatürlichen Verhängnisses und wurde immer mehr als eine Krankheit angesehen, vor der man sich durch Mäßigkeit schützen konnte. |
|---|---|

Der biographische Aspekt

„Warum denke ich schlafend und wachend so oft an den Wahnsinn?" Dass E.T.A. Hoffmann in verschiedenen Phasen seines Lebens ernstlich befürchtete, wahnsinnig zu werden, ist durch seine Tagebücher belegt, die zitierte Eintragung vom 6.1.1811 steht nicht allein. Seine letzte, im Todesjahr 1822 gefertigte Zeichnung zeigt „Kreisler im Wahnsinn", die Zahl der wahnsinnigen Figuren in seinen Romanen und Erzählungen ist ungewöhnlich groß. Als Kammergerichtsrat in Berlin warf er zudem mehr als einmal einen „juristischen Blick in den Abgrund", als er über das Problem der Unzurechnungsfähigkeit bei Mördern zu entscheiden hatte (vgl. Safranski, 1987, S. 425 ff.). Er verfolgte die medizinisch-psychiatrische Fachliteratur und hatte in seiner Bamberger Zeit, durch die Bekanntschaft mit Dr. Marcus, dem Leiter der Irrenanstalt „St. Getreu", persönliche Erfahrungen in Bezug auf die Unterbringung und Behandlung von Geisteskranken sammeln können (vgl. Segebrecht, 1978).

Theorien über den Wahnsinn

Seit der zweiten Hälfte des 18. Jahrhunderts hatten sich Theorie und Praxis der Behandlung von Wahnsinnigen erheblich geändert. Die Patienten galten nun als Kranke und wurden nicht mehr gemeinsam mit Verbrechern interniert, d.h. der Gesichtspunkt der Verwahrung im Interesse der Gesellschaft wurde nicht ersetzt, aber doch ergänzt durch den der potenziellen Heilbarkeit. Nach der am weitesten verbreiteten Theorie war Wahnsinn eine Krankheit des Gehirns bzw. der „Nerven", deren psychische Symptome (z. B. Gedächtnisverlust, fehlendes moralisches Urteilsvermögen, größenwahnsinnige und melancholische Zustände, verworrenes Reden, Zittern usw.) lediglich auf bestimmte biologische Störungen zurückzuführen seien. Dem suchte man zu begegnen mit Zwangsjacken, Schocktherapie, Ekelkuren, Blutaustausch (vgl. die Dokumente bei Wawrzyn, 1976, S. 131 ff.). Daneben gab es auch schon Theorieansätze, in denen sich die Denkmuster der Psychoanalyse ankündigen. Das auffällige Verhalten des Wahnsinnigen verweise nicht auf biologische Störungen, sondern sei symptomatisch für emotionale Probleme des Patienten. Wahnsinn sei ein Zustand gestörter Affektivität, der an die persönliche Lebensgeschichte des Patienten seit seiner Kindheit gebunden sei. Philippe Pinel schließlich (dessen *Traité medico-philosophique sur l'aliénation mentale* E. T. A. Hoffmann bekannt war) suchte den Wahnsinn dadurch zu entdämonisieren, dass er ihn der Vernunft nicht als „das ganz andere" gegenüberstellte, sondern von einem fließenden Übergang zwischen verschiedenen Bewusstseinsstadien überzeugt war. (Vgl. Feldges/ Stadler, 1986, S. 21 f.) Auch wurde der Sinn der Zwangsunterbringung von einzelnen Wissenschaftlern bereits bezweifelt. Nicht nur von ihnen! Man lese Heinrich von Kleists Brief an Wilhelmine von Zenge vom 13. 9. 1800, in dem er ausführlich seinen Besuch in der Würzburger Heilanstalt „Julius-Hospital" schildert und dabei zu dem Ergebnis kommt, dass „die Verrückten [...] in ihrer eigenen Gesellschaft nie zu einem gesunden Verstande kommen" können (*Sämtliche Werke und Briefe*, hrsg. von H. Sembdner, München 1965, Bd. 2, S. 562).

Zweifel am Sinn der Zwangsunterbringung

Die wissenschaftliche Beschäftigung mit dem Wahnsinn führte paradoxerweise dazu, dass das Laienpublikum sich stärker als früher bedroht und geängstigt fühlte. Denn in dem Maße, wie der Wahnsinn den Charakter eines übernatürlichen Verhängnisses verlor (Einwirkung des Teufels bzw. göttliche Strafe) und zu einer „Krankheit" erklärt wurde, wuchs die Angst davor, sich anzustecken und selbst zu erkranken. Schutz vor dem

Wahnsinn und Gesellschaft

Wahnsinnigwerden wurde in Selbstbeschränkung und Selbstkontrolle gesucht, die Individuen verordneten sich Mäßigkeit in Essen, Trinken, Sexualität, Beherrschung der Leidenschaften, Vermeidung des Grübelns und aller Anlässe, die auf die Einbildungskraft einwirken. Vor diesem Hintergrund musste „Wahnsinn" auch zu einem Etikett werden, mit dem die sich als normal und vernünftig verstehende Bürgerwelt jedes abweichende Verhalten zu belegen trachtete. So sahen es jedenfalls die Künstler: sie, die sich zunehmend selbst als Außenseiter empfanden, brachten dem Wahnsinn ein fasziniertes Interesse entgegen. Um 1800 ist der Wahnsinn ein literarisches Modethema, und E. T. A. Hoffmann lässt im ersten Abschnitt der *Serapions-Brüder* die „wahnsinnige Lust am Wahnsinn" (selbstkritisch?) verspotten.

## Das literarische Umfeld

| Das literarische Umfeld | ➞ Klassiker wie Goethe verurteilten Hoffmanns „krankhafte" Erzählungen, wobei auch Neid auf den schriftstellerischen Erfolg eine Rolle gespielt haben dürfte.<br>➞ E.T.A. Hoffmann steht in der Tradition der „schwarzen" oder „nihilistischen" Romantik. Als Unterhaltungsschriftsteller war er von den Schauerromanen der englischen Literatur geprägt.<br>➞ Der *Sandmann* hat Elemente des Schauerromans, in dem der Mensch schutzlos dämonischen Kräften ausgeliefert ist. |
|---|---|

Goethes Urteil über Hoffmann

*Der Sandmann* erschien im Jahre 1817. E. T. A. Hoffmann starb 1822, Goethe hat ihn um zehn Jahre überlebt. Obwohl Goethe das Werk Hoffmanns kaum kannte (Carlyles englische Übersetzung des *Goldnen Topfs* bereitete ihm nur Widerwillen), hatte er ein dezidiertes Urteil: Für ihn war dieser Autor geisteskrank. Zustimmend zitiert Goethe Sir Walter Scotts Kritik („Wir müssen uns von diesen Rasereien lossagen, wenn wir nicht selbst toll werden wollen") und fügt noch hinzu:

> „welcher treue, für Nationalbildung besorgte Theilnehmer hat nicht mit Trauer gesehen, daß die krankhaften Werke des leidenden Mannes [Hoffmann] lange Jahre in Deutschland wirksam gewesen [...]."
> (Goethe am 25.12.1827, in: Schnapp, 1974, S. 747)

Bemerkenswert ist, mit welcher Unbedenklichkeit Goethe das „Krankhafte" des Hoffmann'schen Werks auf bestimmte Leiden des Verfassers glaubt zurückführen zu dürfen. Dabei wird eine Rolle gespielt haben, dass Hoffmann den Weimarer Dichterfürsten in der Publikumsgunst – national wie international – inzwischen weit überholt hatte und Goethe in ihm also vor allem den Konkurrenten sah. Zudem schien dem alten Goethe auch grundsätzlich das Klassische das Gesunde und das Romantische das Kranke (am 2. 4. 1829 gegenüber Eckermann), wobei er zu übersehen schien, dass Werke wie *Werther, Tasso, Wahlverwandtschaften, Faust* auch nicht gerade vor „Gesundheit" strotzen. Goethes Urteil mag daher insoweit relativiert werden müssen, wie es aus einer gewissen Verteidigungsposition heraus erfolgte. Es ist gleichwohl nicht völlig aus der Luft gegriffen, denn in der Tat steht E. T. A. Hoffmann in der Tradition einer so genannten „schwarzen" oder „nihilistischen" Romantik, wie sie etwa durch die Romane Tiecks (*William Lovell*) oder Jean Pauls (*Titan*) repräsentiert wird, ganz zu schweigen von den *Nachtwachen* des Bonaventura. Das Motiv des Wahnsinns begegnet bei Tieck (*Der blonde Eckbert, Der Runenberg*) und das des künstlichen Menschen bei Arnim (*Isabella von Ägypten*). Die Funktion Olimpias im *Sandmann* lässt sich durchaus vor dem Hintergrund der in der Romantik so häufigen Motive Venuszauber und Statuenbelebung diskutieren. Natürlich gibt es auch Motivverbindungen des Hoffmann'schen Werks zu Kleist (z. B. in Bezug auf den Somnambulismus oder die Marionette), doch wäre es falsch, das literarische Umfeld nur im Bereich der „hohen" Literatur abzustecken.

Die „kranke" Romantik

E. T. A. Hoffmann war ein Unterhaltungsschriftsteller, und die Erwartungshaltung seines Publikums wurde nicht zuletzt durch die so genannten Schauerromane der populären englischen Literatur geprägt. *The Monk* von M. G. Lewis (1796), dessen Einfluss auf Hoffmanns

Die Mode der „gothic novels"

*Elixiere des Teufels* unverkennbar ist, wurde zwischen 1797 und 1810 viermal ins Deutsche übersetzt, „gothic novels“ von Walpole und Radcliffe begründeten eine europäische Mode, die mit Mary Shelleys *Frankenstein, or the Modern Prometheus* (1818) keineswegs beendet war. Das Unheimliche wurde mehr und mehr zum Selbstzweck und zum trivialen Schrecken gesteigert, es wimmelte von dämonisch-übernatürlichen Gestalten. Ruinen, Klöster, Verliese gaben das Ambiente für nächtliche Verfolgungs-, Mord- und Beschwörungsszenen, die Handlungsführung ist durch grelle Überraschungs- und Spannungseffekte gekennzeichnet. Vor diesem Hintergrund war es schwer, E.T.A. Hoffmann anders denn nur als „Gespenster-Hoffmann“ zu sehen, und Goethes Verdammungsurteil ist daher z.T. erklärlich.

Die „Schicksalstragödie“

Zum literarischen Umfeld des *Sandmanns* gehört schließlich auch das Phänomen der so genannten „Schicksalstragödie“, und dieser Bezug wird an einer Stelle der Erzählung deutlich, wo von Nathanaels Schwierigkeiten die Rede ist, „die Gestalt des hässlichen Coppelius“ darzustellen:

> „es kostete ihm oft Mühe, ihn in seinen Dichtungen, wo er als grauser Schicksalspopanz auftrat, recht lebendig zu kolorieren.“ (21)

Nathanaels Überzeugung, dass er dem in Coppelius personifizierten Verhängnis nicht entgehen kann, dass der Mensch schutzlos einer dämonischen Macht ausgeliefert ist, die über sein Geschick bestimmt, entspricht aufs Genaueste dem fatalistischen Grundansatz der Schicksalstragödien Zacharias Werners (*Der vierundzwanzigste Februar*, 1810) oder Adolf Müllners (*Der neunundzwanzigste Februar*, 1812; *Die Schuld*, 1813). Nathanael ist wie den Menschen der Schicksalstragödien der Glaube an freien Willen und Selbstbestimmung genommen und durch die beständige Angst vor dem sich erfüllenden Schicksal ersetzt, wobei die Angst in einem immer gegenwärtigen Erlebnis der Vergangenheit ihre unaufhebbare Ursache hat. Die Katastrophe erfolgt dann jeweils durch einen – vermeintlich schicksalhaften – Zufall.

Das Modell der Schicksalstragödien lässt sich also unschwer im *Sandmann* entdecken – mit dem gewichtigen Unterschied, dass dieses Verständnismuster dem Leser nicht aufgezwungen wird, sondern eben nur eine Möglichkeit des Verstehens darstellt.

E.T.A. Hoffmann und die Romantik

Die literarische Umgebung, in die E.T.A. Hoffmann mit *Der Sandmann* gerät, ist natürlich in erster Linie durch das Stichwort Romantik bezeichnet. Die Frage, ob E.T.A. Hoffmann **noch** oder **nicht mehr** ein Romantiker ist, lässt sehr unterschiedliche Antworten zu, wie denn auch die Frage, was „Romantik" überhaupt sei, zu mancherlei Kontroversen einlädt.

Clemens Brentano hat in seinem Roman *Godwi* (1801) einmal die folgende Begriffsbestimmung vorgeschlagen:

Das Romantische als „Perspectiv" (Brentano)

> „Alles, was zwischen unserm Auge und einem entfernten zu Sehenden als Mittler steht, uns den entfernten Gegenstand nähert, ihm aber zugleich etwas von dem Seinigen mitgiebt, ist romantisch. […] Das Romantische ist also ein Perspectiv oder vielmehr die Farbe des Glases und die Bestimmung des Gegenstandes durch die Form des Glases." (2. Teil, 8. Kapitel, in: *Werke*, Bd. 2, hrsg. von W. Frühwald und F. Kemp, München: Hanser, ³1980, S. 258 f.)

Es geht nach dieser Definition also nicht darum, dass ein Subjekt die Gegenstände erkennt oder darstellt, wie sie sind, sondern da müsse noch etwas hinzukommen: eine besondere Formung und Einfärbung der Gegenstände, wodurch deren geheimnisvolles, wunderbares, eigentliches Wesen erst offenbar werde. Diese subjektive Sicht auf die Gegenstände erscheint also nicht etwa als künstliche Begrenzung und Verengung, Brentano würdigt sie vielmehr als Poetisierung und positive Erweiterung des Blickfeldes, romantisch sein heißt, über ein derartiges „Perspectiv" zu verfügen.

*Der Sandmann* als Romantik-Kritik

Die Erzählung vom *Sandmann* liest sich wie eine direkte Replik auf die zitierten Sätze Brentanos. Denn Nathanael ist in der Tat „romantisch" in dem von Brentano definierten Sinn, und E.T.A. Hoffmann hat die Metapher vom Perspektiv ganz wörtlich genommen und zu einem entscheidenden Motiv seiner Erzählung ausgestaltet.

Die Intention liegt offen zu Tage: Eine schärfere Kritik des „poetischen Gemüts“, eine krassere Absage an die romantische Weltsicht als in der Olimpia-Episode ist kaum vorstellbar. *Der Sandmann* ist insofern geeignet, den kritischen Abstand E.T.A. Hoffmanns gegenüber der Romantik zu belegen.

Andererseits zeigt sich in Motivwahl und Erzählweise immer wieder eine große Verwandtschaft zu anderen Romantikern. Man vergleiche nur einmal die Darstellung von Nathanaels erstem Blick durch das Perspektiv auf Olimpia (25) mit dem folgenden Passus aus Eichendorffs *Marmorbild*:

Eichendorffs *Marmorbild*

> „Florio stand wie eingewurzelt im Schauen, denn ihm kam jenes Bild wie eine langgesuchte, nun plötzlich erkannte Geliebte vor […]. Je länger er hinsah, je mehr schien es ihm, als schlüge es die seelenvollen Augen langsam auf, als wollten sich die Lippen bewegen zum Gruße, als blühe Leben wie ein lieblicher Gesang erwärmend durch die schönen Glieder herauf. Er hielt die Augen lange geschlossen vor Blendung, Wehmut und Entzücken. – Als er wieder aufblickte, schien auf einmal alles wie verwandelt. […] das Venusbild, so fürchterlich weiß und regungslos, sah ihn fast schreckhaft mit den steinernen Augenhöhlen aus der grenzenlosen Stille an. Ein nie gefühltes Grausen überfiel da den Jüngling.“ (*Werke in fünf Bänden*, München: Winkler, 1970–88, Bd. 2, S. 537)

Parallelen zwischen *Sandmann* und *Marmorbild*

Ob der Held nun Nathanael oder Florio heißt – jeweils wird er durch den Anblick der eigentlich leblosen Frauenfigur gebannt, bewegungslos gemacht, er ist „eingewurzelt im Schauen“ (bzw. „festgezaubert“ im *Sandmann*), jeweils handelt es sich um einen allmählichen Wahrnehmungsprozess („je länger er hinsah“ bzw. „wie er immer schärfer und schärfer durch das Glas hinschaute“), wobei ‚objektives‘ Sehen und ‚subjektives‘ Schauen verwirrend ineinander übergehen. Sowohl Eichendorff wie E.T.A. Hoffmann gebrauchen die charakteristische „Es schien ihm, als ob“-Konstruktion, und beide verwenden das intensivierende Stilmittel der Synästhesie: „als blühe Leben wie ein lieblicher Gesang erwärmend durch die schönen Glieder herauf“. In beiden Erzählungen schlägt die Verzauberung in Grausen um, wenn statt des liebevollen Blicks plötzlich nur mehr „Augenhöhlen“ zu sehen sind.

Es gibt noch mehr Gemeinsamkeiten und z. T. wörtliche Parallelen zwischen *Sandmann* und *Marmorbild*, wichtiger sind allerdings die Unterschiede. Zwischen Eichendorff und E.T.A. Hoffmann liegen Welten, nicht nur die christliche Erlösungsgewissheit Eichendorffs ist dem Autor des *Sandmanns* fremd. In einzelnen Teilen seines Werkes mag es so scheinen, als werde hier wie bei anderen Romantikern auch erzählt, im Ganzen jedoch wird der Begriff des Romantischen E.T.A. Hoffmann schwerlich gerecht.

## Der Automaten-Mensch

**Der Automaten-Mensch**

→ Der Automaten-Mensch zeigt, wie mechanisch und fremdgesteuert das menschliche Leben ist. Zugleich steht er für die mechanistisch-materialistischen Tendenzen des fortschrittsgläubigen Zeitalters der Aufklärung. Der Automat wird zum Symbol eines falschen Schöpfertums.

Am 10. Oktober 1813 besichtigt E.T.A. Hoffmann die Musikautomaten von Johann Georg und Friedrich Kaufmann, darunter einen Trompeter und eine Klavier spielende Figur. Die Faszination an Marionetten und Automaten, die Hoffmann mit seinen Zeitgenossen teilt, gilt dabei keinem neuen Phänomen. Bereits seit der Mitte des 18. Jahrhunderts interessierte sich die europäische Öffentlichkeit für die Werke der Automatenkonstrukteure Vaucanson, Droz, von Kempelen. Man begeisterte sich für die sprechenden, singenden und tanzenden Holzpuppen (z. B. Vaucansons Flötenspieler) und bewunderte die Orakel- und Schachautomaten (z. B. von Kempelens Schach spielenden Türken).

„Menschliche“ Automaten und „automatische“ Menschen

Die literarischen Darstellungen des Automatenmenschen bei Jean Paul und E.T.A. Hoffmann zeigen den Automaten als eine Bedrohung des Menschen und des Menschlichen, und zwar nicht in dem Sinne, dass die

Automaten sich gewaltsam gegen die Menschen wenden (wie in der Golem-Sage oder bestimmten Motivkonstruktionen heutiger Science-Fiction), sondern dergestalt, dass am künstlichen Menschen Züge sichtbar werden, die denen der natürlichen Menschen erschreckend ähneln. Das Motiv der Puppe macht darauf aufmerksam, wie „mechanisch" und fremdgesteuert das menschliche Leben selbst geworden ist bzw. der selbsttätigen Kontrolle entgleitet. (Vgl. Gendolla, 1980, S. 4 f.) Nathanael handelt selbst wie ein Automat, und so ist es von grausiger Folgerichtigkeit, dass er nur vom künstlichen Menschen sich ganz verstanden fühlt: Die Puppe Olimpia scheint ihm echter, wahrhafter, ihm selbst verwandter als die wirkliche Frau. Die Liebe zum Automaten ist Ausdruck menschlicher Entfremdung und Liebesunfähigkeit.

Bedeutungsspektrum des Automaten-Motivs bei E. T. A. Hoffmann

Die Automatendarstellung bei E. T. A. Hoffmann beruht auf einer „Motivschichtung" (Vietta). Da ist einerseits die (romantische) Kritik an den mechanistisch-materialistischen Tendenzen des fortschrittsgläubigen Zeitalters der Aufklärung: Der Automat wird zum Symbol eines falschen Schöpfertums, einer sterilen Nachäffung des Natürlichen und Menschlichen. Die Kritik versteht sich als Warnung vor der Realisierung all dessen, was technisch machbar erscheint, indem sie den Wissenschaftstraum als Albtraum für die Menschen bzw. als Verlust der „Seele" enthüllt.

Andererseits erscheint der Automat als ein Instrument der Fremdsteuerung eines Menschen durch einen anderen, nämlich den Automatenbauer, wobei dieser jedoch derart ins Dämonische, Teuflische stilisiert wird, dass er als Inkarnation einer jenseitigen Macht aufgefasst werden kann. Damit gerät das Automaten-Motiv in den Bereich des Irrationalen und des vorwissenschaftlichen Volksglaubens, und der Automat erweist sich eher als Requisit wunderlicher Märchen- und Schauerliteratur.

Auf einer anderen Bedeutungsebene wiederum ist der Automat lediglich ein Demonstrationsobjekt für den Autor, um das romantische Schwärmen zu kritisieren und ad absurdum zu führen. Das so genannte „poetische Gemüt“ der Romantiker wird ins Lächerliche verzerrt, wenn Nathanael in dem blöden Ach-Ach-Gestammel Olimpias die „echte Hieroglyphe der innern Welt voll Liebe und hoher Erkenntnis des geistigen Lebens in der Anschauung des ewigen Jenseits“ (31) zu entziffern meint. Indem das Automaten-Motiv derart dazu dient, den narzisstischen Subjektivismus der Romantiker bloßzustellen, geschieht das in durchaus aufklärerischer Intention.

Für den *Sandmann* bedeutsam ist schließlich der Zusammenhang zwischen Automatenmotiv und literarischer Darstellung des Wahnsinns. Die Augen der künstlichen Figur sind der Spiegel, in dem sich das wahnsinnige Innere – in zwanghafter Selbstprojektion – überhaupt erst zum Vorschein bringt. Der Mensch, der sein Selbst, seine „Seele“, am reinsten in der Maschinengestalt wiederfindet, zeigt eben dadurch an, dass er seiner Sinne nicht mehr mächtig ist.

## Die „ästhetische Teegesellschaft“

> ➞ In den ästhetischen Teegesellschaften erlebt der Künstler seine soziale Abhängigkeit und die Nutzung der Kunst zu gesellig-unterhaltenden Zwecken. Er spürt die Distanz zu seinem Publikum.

**Die „ästhetische Teegesellschaft“**

Die Darstellung der „vernünftigen Teezirkel“, mit der der Erzähler die Geschichte Nathanaels unterbricht, mag als satirisches Extra angesehen werden, das auch fehlen könnte, oder als rein technisches Mittel der Verzögerung, um die Spannung des Lesers zu erhöhen. Das Motiv ist aber auch kulturhistorisch interessant sowie für Leben und Werk E. T. A. Hoffmanns bedeutsam. Es hat einen gewissen Stellenwert in der zeitgenössischen Literatur, und seine Funktion innerhalb der Erzählung *Der Sandmann* ist durchaus nicht so gering, wie sie auf den ersten Blick erscheint.

Die Berliner Salons und Teegesellschaften

Gegen Ende des 18. und zu Beginn des 19. Jahrhunderts entstanden in Berlin die so genannten „Salons“, die eine in Deutschland neue Form von musikalisch-literarischintellektueller Öffentlichkeit begründeten. Die Treffen fanden regelmäßig in der Privatwohnung einer wohlhabenden, oft jüdischen Bürgerfamilie statt und waren prinzipiell für alle gesellschaftlichen Schichten offen. Ausgeschlossen waren lediglich die „Philister“ bzw. alle diejenigen, die nicht fähig oder willens waren, sich von den Höhen ihres sozialen Status herab- oder von den Niederungen ihres Erwerbs hinaufzubewegen. Die Faszination des jeweiligen Salons ergab sich aus der künstlerischen und intellektuellen Brillanz seiner Besucher, vor allem aber aus der (erotischen) Ausstrahlung der einladenden Dame, z. B. einer Henriette Herz, Rahel Varnhagen, Elise von Hohenhausen. Das kulinarische Angebot war mitunter bescheiden und bestand dann aus nicht viel mehr als einer Tasse Tee. Insofern war jeder Salon eine Teegesellschaft, aber nicht jede Teegesellschaft war ein Salon.

E. T. A. Hoffmann als Gast der „ästhetischen Tees“

Überall da, wo bürgerliche Repräsentation die intellektuelle Neugierde übertraf, wo Reichtum und „feine Lebensart“ sich der Musik und Literatur lediglich als eines Mittels bedienten, die eigene Reputation zu erhöhen, kam es zu den „ästhetischen Tees“, bei denen den eingeladenen Künstlern so etwas wie die Funktion der früheren Hofnarren zugedacht war. Das Verhalten E. T. A. Hoffmanns bei solchen Gelegenheiten ist symptomatisch für die Art und Weise, wie der moderne Künstler seine Rolle in der (bürgerlichen) Gesellschaft erlebt. Einerseits drängt es ihn zu seinem Publikum und damit zu der Anerkennung seines Schaffens, andererseits ist die Realität dieses Publikums derart ernüchternd und dessen Kunstverständnis derart frustrierend, dass er der eigenen Isolation schmerzlich bewusst wird. Hoffmanns Freund und erster Biograph Hitzig berichtet das sehr anschaulich:

> „Hoffmann schien nun für Zirkel dieser Gattung ein unerhörter Fund. Was konnte der Mann nicht alles! – Bücher schreiben, die in ganz Deutschland von sich reden machten, auf dem Piano fantasieren, Opern komponieren, Karikaturen zeichnen, Witz sprudeln, wie er den Mund öffnete; der Ruf war ihm vorangegangen, und mit Recht erwartete man nun von ihm, daß er, dankbar für die gütigen Einladungen, erst der Gesellschaft ein noch un-

> gedrucktes Manuskript vorlesen, dann die Tochter vom Hause akkompagnieren, dann eine alte Großmutter oder einen vornehmen Beschützer der Künste mit schönen Redensarten unterhalten werde usw., worauf man Gäste genug gebeten und vorbereitet hatte. – Aber wie sah man sich getäuscht, wenn er die furchtbarsten Gesichter zu schneiden anfing, sobald er sich langweilte, und dies geschah immer, wenn sich nicht wenigstens ein ihn anregendes Prinzip in der Gesellschaft entdecken ließ; […]." (Hitzig, 1986, S. 311 f.)

Hitzig spricht von einem „Dämon der Langeweile", der Hoffmann in solchen Teegesellschaften packte und zu Unmut und Wut führte. Das Ergebnis:

> „nur sehr selten ist der Fall vorgekommen, daß Hoffmann mehr als ein, höchstens einigemal in diese Art von anständigen Teegesellschaften gebeten wurde." (Ebd., S. 315)

Hoffmann zog bekanntlich Wein und Punsch dem Tee bei weitem vor, und lieber als in die Teegesellschaften ging er mit dem Schauspieler Ludwig Devrient in das Berliner Weinhaus „Lutter und Wegener".

Die Teegesellschaft als Symbol für banausenhaftes Kunstverständnis

In E.T.A. Hoffmanns Werk erscheint die Teegesellschaft immer wieder als der Ort, an dem der schaffende Künstler seine soziale Abhängigkeit sowohl als die ihn schmerzende Nutzbarmachung der Kunst zu gesellig-unterhaltenden Zwecken erlebt. „Johannes Kreislers, des Kapellmeisters, musikalische Leiden" (1810) sind ein mit bitterer Ironie vorgetragener Klagegesang über das Verhältnis von Musik und Gesellschaft am Beispiel des Teezirkels im Hause eines reichen Geheimrats. Und am Schluss des vierten Bandes der *Serapions-Brüder* (1821) berichtet Ottmar den Freunden, auf welch ironisch-hinterhältige Weise er die ästhetische Teegesellschaft zur Selbstentlarvung trieb: Er referiert nämlich jene vier Gedichte, die er dort vorgetragen (allesamt dürftige Reimereien auf seichtestem Niveau), und zitiert dann ohne weiteren Kommentar die Worte enthusiastischen Lobs, die das Teepublikum für solche Art Poesie fand.

Die Teegesellschaft in der zeitgenössischen Literatur

Auch Joseph von Eichendorff beschreibt in seinem Roman *Ahnung und Gegenwart* (1815) ausführlich eine ästhetische Teegesellschaft und erläutert das Unbehagen seines Helden „bei diesem ästhetischen Geschwätz“:

Eichendorff

> „Friedrich kamen diese Poesierer in ihrer durchaus polierten, glänzenden, wohlerzogenen Weichlichkeit wie der fade, unerquickliche Teedampf, die zierliche Teekanne mit ihrem lodernden Spiritus auf dem Tische wie der Opferaltar dieser Musen vor.“ (Zweites Buch, 12. Kapitel)

Wie ironisch-souverän oder vordergründig heiter die Darstellungen der ästhetischen Teegesellschaft auch immer ausfallen mögen, so verweisen sie zugleich doch immer auf die Diskrepanz zwischen Künstler und Publikum als beunruhigendes Faktum einer gestörten Beziehung. Heinrich Heine schließlich versäumt es nicht, im *Buch der Lieder* die teegesellschaftliche Behandlung ‚seines‘ Themas einzurücken, die erste Strophe des 1822 in Berlin entstandenen „Lyrischen Intermezzos“ Nr. 50 lautet:

Heine

> „Sie saßen und tranken am Theetisch,
> Und sprachen von Liebe viel.
> Die Herren, die waren ästhetisch,
> Die Damen von zartem Gefühl.“

Der boshaft-satirisch klappernde Reim „Theetisch/ästhetisch“ scheint unüberbietbar, sozusagen das ‚letzte Wort‘ zum Thema „ästhetische Teegesellschaft“. Aber ist die Darstellung im *Sandmann* nicht noch schärfer und entlarvender? Immerhin wird hier der gesellschaftliche Umgang miteinander als derart erstarrt und zeremoniell gezeigt, dass Gesang, Tanz und Konversation eines wirklichen Automaten sich wie selbstverständlich einfügen und als ‚natürlich‘ gelten. Wenn Nathanaels Liebe zu Olimpia Indiz seines Realitätsverlusts und Wahnsinns ist, was ist dann die ‚normale‘ Tolerierung der Holzpuppe in der Teegesellschaft? Und ist es nicht so, dass Nathanaels Wahnsinnsausbruch angesichts der zerstörten Puppe verständlich wirkt, die Reaktion der Teegesellschaftler auf den Olimpia-Skandal (in Zukunft soll mehr gegähnt als geniest werden usw.) aber nicht? „Wer über gewisse Dinge den Verstand nicht verliert, der hat keinen zu verlieren“ – dieses Wort von Lessing (*Emilia Galotti* IV,7) bietet sich hier geradezu als Motto der satirischen Darstellung an.

Zur Funktion der Szene im *Sandmann*

Die Rede des Literaturprofessors

Angriffspunkt der Satire ist vor allem jene selbstgefällige, durch nichts zu erschütternde Sicherheit des Urteilens, deren Dummheit auch da hervortritt, wo sie sich besonders gelehrt gibt:

> „Der Professor der Poesie und Beredsamkeit nahm eine Prise, klappte die Dose zu, räusperte sich und sprach feierlich: ‚Hochzuverehrende Herren und Damen! merken Sie denn nicht, wo der Hase im Pfeffer liegt? Das Ganze ist eine Allegorie – eine fortgeführte Metapher! – Sie verstehen mich! – Sapienti sat!'" (35)

Das ist der Versuch, das Beunruhigende der Olimpia-Episode im Nachhinein eindeutig zu machen, zu entschärfen, auf einen vertrauten Begriff (Allegorie, Metapher) zu bringen. Dem Kundigen sei damit genug gesagt, behauptet der Literaturprofessor, indem er rhetorisch-pompös mit einer lateinischen Wendung schließt, die konkretes Nachfragen verhindern soll.

Die Vermutung liegt nahe, dass E.T.A. Hoffmann in den Worten des Literaturprofessors die Reaktion eines bestimmten Typus von Leser ironisch vorwegnehmen will, um sich gegen allzu platte Deutungen nicht nur der Olimpia-Episode, sondern der Erzählung insgesamt zu verwahren. Das heißt: Er erhofft sich einen Leser, wie er in den ästhetischen Teegesellschaften seiner Zeit nicht zu finden war.

## Pygmalion und Narziss

**Pygmalion und Narziss**

- Das Pygmalion-Motiv verweist auf den Künstler, der sich sein Liebesobjekt „selbst schafft".
- Narziss liebt sich selbst, so wie Nathanael das Spiegelbild Olimpia liebt, das er selbst erschaffen hat.

Die Olimpia-Episode stellt einen ebenso tragischen wie grotesken Höhepunkt der Erzählung dar. Sie zeigt, bis zu welchem Ausmaß die geistige Verwirrtheit des Helden gediehen ist, sie führt den romantisch-„beseelenden" Liebesbegriff ad absurdum, sie dient der satirischen Demaskierung der automatenhaften Teegesellschaft. Die Darstellung von Nathanaels Liebe zu einer Puppe lässt sich darüber hinaus als Variation antiker Modelle lesen.

Pygmalion

Die griechische Sage von Pygmalion erhielt bei Ovid (*Metamorphosen* 10, 243–297) die folgende Fassung: Der Künstler Pygmalion schafft eine weibliche Statue, verliebt sich in sein eigenes Werk, das die Göttin Aphrodite auf sein Bitten lebendig werden lässt, und es kommt zur Ehe zwischen Schöpfer und Geschöpf. Nathanael hat Olimpia nicht selbst geschaffen (das taten Coppola und Spalanzani), und er verfällt auch nicht spontan der Schönheit ihres Äußeren, aber in gewisser Weise „schafft" er sich dennoch sein Liebesobjekt selbst. Nur er hat das „Perspektiv", um ihren „Liebesblick" zu sehen, nur sein „poetisches Gemüt" vermag die Puppe zu beseelen, er hat ihr die eigenen Augen gegeben.

Narkissos

Wenn Nathanael aber sagt, dass er in Olimpia sein „Selbst" finde, so verweist dieses Motiv nicht mehr auf Pygmalion, sondern auf eine andere Figur der griechischen Mythologie: Weil Narkissos, der schöne Sohn des Flussgottes Kephissos, die Liebe der Bergnymphe Echo zurückwies, wird er von der erzürnten Liebesgöttin Aphrodite mit unstillbarer Selbstliebe bestraft. Als er sich zum Trinken über einen Quell beugt, verliebt er sich in sein Spiegelbild, leidet alle Qualen einer nie zu befriedigenden Sehnsucht und wird schließlich in die nach ihm genannte Blume verwandelt. (Vgl. Ovid, *Metamorphosen* 3, 341 ff.)

Nathanael entzieht sich, teils bewusst, teils unbewusst, der Liebe Claras, er beschimpft sie als Automat, und zur Strafe dafür muss er sich in einen wirklichen Automaten verlieben. Einen Automaten, der nichts anderes ist als Spiegel und Echo seiner selbst, der nur durch ihn zum „Leben" erweckt wird – das heißt: Nathanael liebt sich selbst.

Nathanaels Narzissmus

Der Narzissmus Nathanaels ist einerseits als individuelles Krankheitssymptom zu verstehen, d.h. als eine Ichbezogenheit, die zugleich Bindungsunfähigkeit ist. Andererseits stellt der Narzissmus eine spezifische Bedrohung des Künstlers dar, die überindividuelle Ursachen hat. Der Künstler, der nicht verstanden wird bzw. der überhaupt kein Publikum findet, wird zum gesellschaftlichen Außenseiter und gewissermaßen in den Narzissmus getrieben.

## Der Begriff „Nachtstück“

| Der Begriff „Nachtstück“ |
|---|
| → E.T.A. Hoffmann hat den Begriff „Nachtstück“ aus der Malerei übernommen.<br>→ Damit ist aber nicht nur die Tageszeit, sondern die dunklen Seiten der menschlichen Psyche gemeint. |

*Der Sandmann* ist die erste von acht Erzählungen, die E. T. A. Hoffmann unter dem Titel *Nachtstücke* versammelte. Dieser Begriff ist zwar assoziationsreich, doch wenig präzise, und zudem hat ihn die Literatur aus anderen Kunstformen entliehen.

Notturno und Nocturne in der Musik

In der Musik hatte der Name „Notturno“ bis ins 18. Jahrhundert hinein eine mehrsätzige Musik zur Nacht bezeichnet, dem Abendständchen oder der so genannte Serenade verwandt, wenngleich meist für Instrumentalstimmen allein. Als Beispiele von Mozart seien genannt die Serenade c-Moll, KV 388 („Nacht Musique“), die Serenata notturna, KV 239 und natürlich die Serenade Nr. 13 G-Dur, KV 525 („Eine kleine Nachtmusik“). Der französische Begriff „Nocturne“ meint nicht mehr in erster Linie die Aufführungszeit bei Nacht, sondern beschreibt den entsprechenden Stimmungswert. Die einsätzigen lyrischen Klavierstücke Chopins sind durch subtile Anschlags- und Pedalnuancen gekennzeichnet, mit denen jene melancholisch-weichen Klangwirkungen erreicht werden, die einem breiten Publikum seither als Inbegriff einer melodisch verträumten „typisch romantischen“ Innigkeit gelten. Hoffmanns *Nachtstücke* orientieren sich nicht an den „Nocturnes“ und können dies schon aus chronologischen Gründen nicht, wohl aber haben sie ihrerseits inspirierend auf die Klaviermusik Robert Schumanns eingewirkt (vgl. dessen „Nachtstücke“, op. 23 sowie auch schon die „Kreisleriana“, op. 16).

Das Nachtstück in der Malerei

Hoffmann hat den Begriff aus der Malerei übernommen, wie er ja überhaupt das Wort „Stück“ als Synonym für „Gemälde“ verwendet (vgl. seine *Fantasiestücke in Callots Manier*) und sich z. B. in der 7. Vigilie des *Goldnen Topfs* bei der Gestaltung einer nächtlich-unheimlichen Szenerie ausdrücklich auf den „Anblick dieses Rembrandtschen oder Höllenbreughelschen Gemäldes, das nun ins Leben getreten“ sei, beruft. Nachtstück wäre demnach zu definieren als die Darstellung eines Geschehens bei Nacht, das durch Mondschein bzw. künstliches Licht seinen spezifisch fremdartigen Reiz erlangt. Personen und Dinge erscheinen in einer so ungewohnten wie schrecklichen Perspektive, man denke etwa an eine Szene aus dem *Sandmann* wie die folgende:

Das bildhafte „Nachtstück“ als sprachliches Bild

> „Coppelius trat hinzu und eine blaue Flamme knisterte auf dem Herde empor. Allerlei seltsames Geräte stand umher. Ach Gott! – wie sich nun mein alter Vater zum Feuer herabbückte, da sah er ganz anders aus. Ein grässlicher krampfhafter Schmerz schien seine sanften ehrlichen Züge zum hässlichen widerwärtigen Teufelsbilde verzogen zu haben. Er sah dem Coppelius ähnlich. Dieser schwang die glutrote Zange und holte damit hellblinkende Massen aus dem dicken Qualm, die er dann emsig hämmerte. Mir war es als würden Menschengesichter ringsumher sichtbar, aber ohne Augen – scheußliche, tiefe schwarze Höhlen statt ihrer.“ (8)

Solche Nachtszenen, die ganz auf den bildhaften Eindruck hin konstruiert sind, scheinen die Übertragung des Begriffs „Nachtstück“ vom optischen ins sprachliche Medium eindringlich zu bestätigen. Sie bilden im *Sandmann* allerdings eher die Ausnahme, und die Erzählung zieht ihre beunruhigenden Effekte keineswegs aus solch vordergründiger Manier. Zwar bezieht sich der zentrale Vorstellungskomplex vom Sandmann direkt auf die Nacht und die (kindliche) Angst vor dem Schlaf als einem Zustand, bei dem die verlässlichste Sinnesinformation durch das Sehen nicht mehr gewährleistet ist, doch häufen sich deshalb nicht die nächtlichen Szenen. Vielmehr schreibt Nathanael in seinem ersten Brief, dass das „Entsetzliche“ in Gestalt des Wetterglashändlers Coppola „mittags um 12 Uhr“ in sein Leben getreten sei, und auch die Katastrophe auf dem Turm ereignet sich nicht zur Nachtzeit, sondern „zur Mittagsstunde“

Die „Nachtseiten" der menschlichen Psyche

E. T. A. Hoffmanns „Nachtstück" erweist sich als ein Begriff mit vorwiegend metaphorischer Bedeutung. In ihm werden jene psychischen Geschehnisse entfaltet und jene Vorgänge des Unbewussten beleuchtet, die im hellen Licht der optimistisch-fortschrittlichen Aufklärung noch nicht zu sehen waren bzw. die bewusst übersehen wurden. Insofern hat es eine Tiefendimension, die über den Bereich eines bloßen Stimmungsgemäldes hinausreicht. Das „Nachtstück" ist an bestimmte Uhrzeiten nicht gebunden.

## Das „serapiontische Prinzip"

Das „serapiontische Prinzip"

- Das „serapiontische Prinzip" versucht einen Ausgleich zwischen phantastischer Innenwelt und wirklicher Außenwelt. Phantasie und Realität sollen in Einklang gebracht werden.
- Für Hoffmann ist die „Einbildung", die Fähigkeit eine eigene Bilderwelt zu entwickeln, das primäre Kriterium für das Dichterische.

Der Zwiespalt zwischen „innerem Bild" und Außenwelt, poetischer Schau und realer Wahrnehmung, Unheimlichem und Alltäglichem wird von Nathanael, dem Helden im *Sandmann*, als existenzieller Konflikt erlebt. Die verwirrende Verschmelzung phantastischer und realistischer Elemente ist darüber hinaus geradezu das Konstruktionsprinzip sowohl dieser Erzählung als auch anderer Werke des Autors, und insofern darf *Der Sandmann* als Demonstrationsmodell der für E. T. A. Hoffmann charakteristischen Erzählweise angesehen werden. Deren poetologische Grundlage hat der Autor nie eigens zusammengefasst und erläutert; im Unterschied zu anderen Schriftstellern hat E. T. A. Hoffmann keine theoretischen oder gar programmatischen Studien zur Literatur veröffentlicht. Andererseits gibt es das so genannte „serapiontische Prinzip" als den Versuch, einen Ausgleich zwischen phantastischer Innenwelt und wirklicher Außenwelt herzustellen. Die in den Rahmengesprächen der *Serapions-Brüder* (1819–21) formulierten Gedanken über das Erzählen erlauben Rückschlüsse auf die ästhetische Position des Autors, wie sie wohl auch schon für frühere Erzählungen Gültigkeit hat.

Primat der Inspiration

Das primäre Kriterium des Dichterischen ist für E.T.A. Hoffmann die Inspiration. Sie stellt eine „Einbildung“ im wörtlichen Sinne dar, nämlich das Vermögen, eine eigene Bilderwelt zu entwickeln:

> „Wenigstens strebe jeder recht ernstlich darnach, das Bild, das ihm im Innern aufgegangen recht zu erfassen mit allen seinen Gestalten, Farben, Lichtern und Schatten, und dann, wenn er sich recht entzündet davon fühlt, die Darstellung ins äußere Leben (zu) tragen.“ (Die *Serapions-Brüder*, 1963, S. 55)

Absage an die Mimesis

Ansatzpunkt und Grundlage der Dichtung ist also nicht die Nachahmung (Mimesis) irgendeiner vorgegebenen Wirklichkeit, sondern die freie Phantasie des Individuums. Diese wiederum müsse sich ihres Bezugs auf die tatsächlich existierende Außenwelt bewusst bleiben, da ja das menschliche Dasein überhaupt auf der „Duplizität“ (Doppeltheit) von inneren geistig-seelischen Erscheinungen einerseits sowie Wahrnehmungen der empirischen Wirklichkeit andererseits beruhe. Wer diese grundlegende „Duplizität“ verkenne oder leugne, sei entweder ein Philister (dessen totale Hingabe an die Alltagswelt zu einem Verkümmern der Phantasie führt) oder ein Wahnsinniger (dem die Fülle der inneren Gesichte jeden Zugang zur äußeren Wirklichkeit abschneidet).

Die „Duplizität“ des Daseins

Die Sehergabe des Einsiedlers Serapion wird ausdrücklich gerühmt und als dichterisch anerkannt, zugleich aber wird auf die gefährliche Einseitigkeit dieser Weltsicht warnend verwiesen:

Der Wahnsinn des Dichters Serapion

> „Armer Serapion, worin besteht dein Wahnsinn anders, als dass irgendein feindlicher Stern dir die Erkenntnis der Duplizität geraubt hatte, von der eigentlich allein unser irdisches Dasein bedingt ist. Es gibt eine innere Welt, und die geistige Kraft, sie in voller Klarheit, in dem vollendetsten Glanze des regsten Lebens zu schauen, aber es ist unser irdisches Erbteil, dass eben die Außenwelt in der wir eingeschachtet, als der Hebel wirkt, der jene Kraft in Bewegung setzt. […] Aber du, o mein Einsiedler! statuiertest keine Außenwelt, du sahst den versteckten Hebel nicht, die auf dein Inneres einwirkende Kraft;

Der „versteckte Hebel“ der Außenwelt

> und wenn du mit grauenhaftem Scharfsinn behauptetest, dass es nur der Geist sei, der sehe, höre, fühle, der Tat und Begebenheit fasse, und dass also auch sich wirklich das begeben was er dafür anerkenne, so vergaßest du, dass die Außenwelt den in den Körper gebannten Geist zu jenen Funktionen der Wahrnehmung zwingt nach Willkür. Dein Leben, lieber Anachoret [Einsiedler], war ein steter Traum […].“ (Ebd., S. 54 f.)

Das „serapiontische Prinzip“ ist demnach darauf gerichtet, Phantasie und Realität in Einklang zu halten. Sogar das Märchen dürfe nicht im Wunderbaren versinken, sondern müsse ein Fundament im wirklichen Leben haben:

Notwendigkeit, das Wunderbare im Wirklichen zu „befestigen“

> „Sonst war es üblich, ja Regel, alles was nur Märchen hieß, ins Morgenland zu verlegen und dabei die Märchen der Dschehezerade zum Muster zu nehmen. Die Sitten des Morgenlandes nur eben berührend, schuf man sich eine Welt, die haltlos in den Lüften schwebte und vor unsern Augen verschwamm. Deshalb gerieten aber jene Märchen meistens frostig, gleichgültig und vermochten nicht den innern Geist zu entzünden und die Fantasie aufzuregen. Ich meine, dass die Basis der Himmelsleiter, auf der man hinaufsteigen will in höhere Regionen, befestigt sein müsse im Leben, so dass jeder nachzusteigen vermag.“ (Ebd., S. 599)

Die Bedeutung des „serapiontischen Prinzips“ für das Erzählwerk E. T. A. Hoffmanns erweist sich sowohl in der Stoff- und Themenwahl als auch – im engeren Sinne – in der literarischen Darstellungsweise. Im Zentrum der meisten Erzählungen steht (wie im *Sandmann*) das Problem, dass das Gleichgewicht zwischen Innen- und Außenwelt gestört ist, und dies ergibt die Geschichte eines Sonderlings, Außenseiters, Verbrechers, Kranken oder gar Wahnsinnigen. Die Darstellungsweise nun kehrt immer wieder zur „Duplizität“ zurück, indem sie das Phantastische auf Alltägliches reduziert, aber gleichzeitig auch das Geheimnisvolle in der banalen Wirklichkeit freilegt. So entsteht der Eindruck einer mehrdeutigen Realität, und die Fragen „Wirklichkeit oder Traum?“, „Wahrheit oder Wahn?“ werden nie klar entschieden im Sinne eines „Entweder-oder“, sondern bewusst in der Schwebe eines „Sowohl-als-auch“ belassen:

Plädoyer für einen unauflösbaren „Rest" der Erzählung

> „Nichts ist mir mehr zuwider als wenn in einer Erzählung, in einem Roman der Boden, auf dem sich die fantastische Welt bewegt hat, zuletzt mit dem historischen Besen so rein gekehrt wird, dass auch kein Körnchen, kein Stäubchen bleibt, wenn man so ganz abgefunden nach Hause geht, dass man gar keine Sehnsucht empfindet noch einmal hinter die Gardinen zu kucken." (Ebd., S. 355)

## Der *Sandmann* und *Der goldne Topf*

| Der *Sandmann* und *Der goldne Topf* | ➟ Der *Sandmann* und Der goldne Topf weisen viele Parallelen auf. In beiden Erzählungen ist „die Wirklichkeit" mehrdeutig erfahrbar. |
|---|---|

Thematische Verwandtschaft

*Der goldne Topf* und *Der Sandmann* sind in dem Maße thematisch verwandt, wie es in beiden Erzählungen um die Schwierigkeiten eines poetischen Außenseiters geht, der mit der gewöhnlichen Alltagswelt immer weniger zurechtkommt. Doch während der linkische Student Anselmus am Ende märchenhaft nach Atlantis, ins Reich der Poesie, entrückt wird, stürzt am Schluss des *Sandmanns* der Student Nathanael in Wahnsinn und Selbstmord. Der Gegensatz scheint größer nicht denkbar – was aber kaum die Erkenntnis verhindern kann, dass das „Märchen aus der neuen Zeit" und das „Nachtstück" vom Sandmann „bis in Einzelheiten gleich angelegt sind" und beiden Erzählungen „dasselbe Schema zugrunde" liegt (Nehring, 1976, S. 5). Dabei ist *Der Sandmann* keine beliebige Variation des *Goldnen Topfs*, sondern „eine genaue Umkehrung des Märchens ins Negative" (ebd.) oder – um einen Begriff aus der Musik zu verwenden – eine Kontrafaktur. Wird das Wunderbare im „Fantasiestück" zum Ideal verklärt, so wird es im „Nachtstück" als das Unheimliche dämonisiert, gipfelt die Entwicklungsgeschichte des Helden im einen Fall in einem beseligenden Aufstieg, so im anderen in einem trostlos-einsamen Sturz: es handelt sich gleichwohl – in spiegelbildlicher Verkehrung – um denselben Prozess.

*Der Sandmann* als Kontrafaktur zu *Der goldne Topf*

Aus der Vielzahl der Parallelen und Entsprechungen seien hier nur die wichtigsten hervorgehoben, welche die Personenkonstellation und die Erzählweise betreffen: Im Mittelpunkt beider Erzählungen steht ein junger Mann, Anselmus bzw. Nathanael. Beider Lebensweg scheint vorgezeichnet: nach dem Abschluss des Studiums winkt bzw. droht der Eintritt ins bürgerliche Leben, Heirat mit Veronika (Clara), Ausübung des Berufs. Beide Jünglinge besitzen allerdings ein „poetisches Gemüt", haben Träume und Ahnungen und sind bereit, an das Wunderbare zu glauben. Dadurch entfernen sie sich von den „normalen" Menschen, und diese halten sie ihrerseits für überspannt oder wahnsinnig.

Anselmus und Nathanael

In beiden Erzählungen tritt eine handlungsbestimmende Figur auf, deren Existenz als Doppelrolle angelegt ist: im *Goldnen Topf* der Archivarius Lindhorst, der zugleich Salamander und Geisterfürst ist (und auf dessen gleich konstruierte Kontrastfigur, das Äpfelweib, hier nicht weiter eingegangen sei), im *Sandmann* der Advokat Coppelius bzw. der „höchst ehrliche Mechanikus und Optikus" Coppola, der zugleich der dämonisch-teuflische Sandmann ist. Bei beiden erscheint somit der bürgerlich-rechtschaffene Beruf als die täuschende Außenseite, hinter der sich „eigentlich" eine geheimnisvolle Macht verbirgt. Die funktionale Entsprechung reicht noch weiter: Serpentina als Lindhorsts Tochter sowie Olimpia als „Geschöpf" Coppelius'/Coppolas üben eine verführerische Wirkung auf den Helden aus, sodass die Personenkonstellation oder Liebesverstrickung im *Sandmann* (Nathanael zwischen Clara und Olimpia) als Wiederholung des im *Goldnen Topf* erprobten Modells (Anselmus zwischen Veronika und Serpentina) gelten darf.

Lindhorst und Coppelius/ Coppola

Die auffallenden Parallelen zwischen beiden Erzählungen schärfen nun aber auch den Blick, um die wesentlichen Unterschiede zu erkennen. Der Archivarius Lindhorst verkörpert in dem Maße das „gute" Prinzip, wie Coppelius/Coppola für „das Böse" steht, der eine ist der hilfreiche, der andere der zerstörerische Dämon. Und Clara erscheint in dem Maße als eine „aufgewertete", positiver gezeichnete Veronika, wie Olimpia eine ins Grotesk-Künstliche verschobene Nachäffung der wunderbaren Serpentina darstellt. Und während Anselmus durch seine Liebe zu Serpentina nach Atlantis geführt wird, zu einer Selbstverwirklichung im Reich der Poesie,

Clara als „positive Veronika", Olimpia als „negative Serpentina" stürzt Nathanael durch seine verblendete Liebe zur Puppe Olimpia in Wahnsinn und Selbstvernichtung.

Selbstverherrlichung (*Der goldne Topf*) und Selbstkritik (*Der Sandmann*) der Romantik?

Das Selbst, die Innerlichkeit bzw. das „poetische Gemüt" des Einzelnen, die im *Goldnen Topf* so märchenhaft beglückend gerechtfertigt und belohnt werden, erscheinen im *Sandmann* als bedrohliche Gefahr, die das Individuum isolieren, krank machen und am Ende zerstören kann. Daher mag es erlaubt sein, den *Goldnen Topf* als „eine Selbstverherrlichung" und den *Sandmann* als „eine Selbstkritik der Romantik" zu bewerten (U. Müller, 1987, S. 7). Solch ein Urteil ist – vordergründig – zutreffend, soweit es sich nämlich auf den Vergleich der Entwicklungsgeschichten von Anselmus und Nathanael bezieht. Aber in beiden Erzählungen begegnet eben auch, als Person der Erzählung, der Erzähler selbst. Und der gehört „zu dem wunderlichen Geschlechte der Autoren", die von dem Glück des Anselmus schreiben können und dabei gleichzeitig wissen, dass es einen dauerhaften Aufenthalt in Atlantis nicht gibt, und die von dem „armen Freunde" Nathanael berichten, ohne die skeptische Distanz ihm gegenüber zu verlieren. Die Existenz des Erzählers in beiden Werken ist geradezu die Garantie dafür, dass das Prinzip der „Duplizität" allen Geschehens beachtet wird.

Insofern wird die Romantik weder im *Goldnen Topf* verherrlicht (denn das würde voraussetzen, dass das Wunderbare ohne jede Relativierung als selbstverständlich erschiene), noch wird sie erst im *Sandmann* kritisiert. Überhaupt gibt es im Werk E. T. A. Hoffmanns keine „reine" Romantik wie etwa bei Novalis und ebenso wenig einen „reinen" Realismus, vielmehr jene charakteristische Mischform, für die *Der goldne Topf* wie *Der Sandmann* repräsentativ sind. In beiden Erzählungen wird die selbstgenügsame Bürgerwelt satirisch attackiert und verspottet (vgl. in der 10. Vigilie des *Goldnen Topfs* das „glückliche Leben" der in gläserne Flaschen eingesperrten Praktikanten sowie im *Sandmann* die Darstellung der „ästhetischen Teegesellschaft"), doch wird die Perspektive des Helden deshalb nicht als die „eigentlich richtige" idealisiert.

Phantastischer Realismus

Worauf es in beiden Erzählungen ankommt, ist, dass „die Wirklichkeit" als zutiefst mehrdeutig erfahrbar wird. Diesem Zweck dient eine Erzählweise, die das Reale wie das Phantastische in einem ambivalenten Schwebezustand hält. So überrascht z. B. die Genauigkeit der Zeitangaben, mit denen im *Goldnen Topf* und im *Sandmann* zu Beginn für eine realistische Grundierung des Geschehens gesorgt wird: Wenn „am Himmelfahrtstage, nachmittags um drei Uhr, [...] ein junger Mensch in Dresden durchs Schwarze Tor" rennt, dann hat dieser Vorgang wenig Märchenhaftes an sich, und die Mitteilung, dass „am 30. Oktober mittags um 12 Uhr ein Wetterglashändler" in die Stube Nathanaels tritt, wirkt keineswegs besonders unheimlich. Gleichwohl sind die genannten Einzelheiten nicht so unverfänglich, wie sie scheinen: Das „Schwarze Tor" ist zugleich die magische Pforte, durch die der Held in den unheilvollen Bereich einer Hexe gerät, und das Requisit, mit dem sich Coppola Nathanael naht, ist eines jener optischen Geräte, mit denen es eine besondere Bewandtnis hat und die in den Bereich des zentralen Augenmotivs gehören.

Allerdings wird bei den zitierten Beispielen der symbolische Charakter erst nachträglich deutlich (wie denn auch der „Himmelfahrtstag" auf die Entrückung nach Atlantis verweist, die Mittagszeit als Stunde des „panischen Schreckens" auch die Stunde von Nathanaels Tod ist). Für die Erzählweise E. T. A. Hoffmanns charakteristischer noch sind jene Passagen, in denen das Phantastische – oft mit dem Stilmittel der Synästhesie – eine Art von Wirklichkeit gewinnt, bei der nicht auszumachen ist, ob sie nun „objektiv" gültig sein soll oder nur in der Perspektive des Helden so erscheint.

# Interpretationsansätze

| Interpretationsansätze | |
|---|---|
| | → Freud führt Nathanaels Angst vor dem Verlust der Augen auf seine Kastrationsangst zurück.<br>→ Nehring sieht im *Sandmann* Varianten eines erzähltechnischen Strukturmodells.<br>→ Segebrecht betont die medizinischen Entdeckungen der „seelischen Abgründe".<br>→ Obermeit betont Hoffmanns Einfühlung in den Wahnsinn.<br>→ Schmidt liest den *Sandmann* als Künstlernovelle. |

Eine der ersten und zugleich folgenreichsten Deutungen des *Sandmanns* findet sich in Sigmund Freuds Studie über *Das Unheimliche* (1919).

Die psychoanalytische Deutung Freuds

In psychoanalytischer Sicht wird Nathanaels Angst vor dem Verlust seiner Augen auf seine Kastrationsangst zurückgeführt: Der Sohn befürchtet, derart vom Vater für seine unerlaubte Liebe zur Mutter bestraft zu werden. Die Vater-Imago spaltet sich dabei auf in den „guten" (Nathanaels wirklicher Vater) und den „bösen Vater", der von Coppelius bzw. dem Sandmann symbolisiert werde. Nathanael sei ein Neurotiker, der vergebens versuche – z. B. durch die Beziehung zu Clara –, aus seiner narzisstischen Isolation herauszukommen, die Erzählung sei eine Krankheitsgeschichte.

Ingrid Aichinger gesteht Freuds Deutung zu, dass sie eine „Tiefendimension des Textes" erfasse, die der traditionellen Literaturbetrachtung entgehe. Gleichwohl sieht sie „die Schwächen des Freudschen Aufsatzes offen zutage liegen":

Die Grenzen psychoanalytischer Literaturbetrachtung

„Wir sehen die Gefahr der Enthistorisierung, die Gefahr der Reduktion des komplexen Werkes auf ein einfaches Grundmuster (Ödipus-Komplex), und wir bekommen vor allem keine Antwort auf die zentrale Frage: woran liegt es, daß uns Hoffmanns Novelle tiefer ergreift und zugleich tiefer frei läßt als etwa die psychopathologischen Fallgeschichten denen das klinische Erscheinungsbild Nathanaels so ähnlich sieht? Mit anderen Worten: Worin liegt das Plus, das das Kunstwerk zweifellos über den bloßen Text, etwa den Krankheitsbericht hinaus, besitzt? Freud hat dieses Problem immer wieder umkreist, aber keine Lösung gefunden. Bis heute steht die Psychoanalyse ziemlich hilflos vor der Frage der künstlerischen Gestaltung. Man kann mit Adorno sagen: ‚Die Psychoanalyse entschlüsselt Phänomene' – und damit vermag sie in Ergänzung anderer Methoden zum Werkverständnis durchaus beizutragen -, ‚aber sie reicht nicht an das Phänomen der Kunst heran.'" (I. Aichinger, 1976, S. 132)

*Der Sandmann* bietet mehr und anderes als eine psychopathologische Fallstudie

Wolfgang Nehring wendet sich dem Sandmann unter dem Aspekt der Erzähltechnik zu und sieht in ihm – wie in anderen Erzählungen E. T. A. Hoffmanns – die Variation eines Strukturmodells, „das seine archetypische Prägung am ehesten im ‚Goldnen Topf' gefunden" habe:

„Jeweils wird einem Menschen überraschend der Boden seiner normalen Erfahrungen unsicher, er tritt in den Bann einer Sphäre, die fremdartig und unerklärlich ist, und schwankt zwischen den Bereichen unentschieden hin und her. Die Beziehung geht scheinbar von der fremden Welt aus, der Held erscheint oft wie ein Spielball höherer Mächte, aber immer stellt sich heraus, daß er eine innere Bereitschaft mitbringt, sich dem geheimnisvollen Wesen hinzugeben. Selbst wenn er zerstört wird wie im ‚Sandmann' oder einem Familienfluch ausgesetzt ist wie in den ‚Elixieren des Teufels', so verfügt der Dichter nicht fatalistisch über sein Leben, sondern deutet das Schicksal ganz aus seiner Seele. Das Ungewöhnliche und Unerklärliche ist in vielen Fällen das Wunderbare. Es begegnet als ideale Märchenwelt, die von aller Wirklichkeit getrennt scheint; als Kunstideal, das über die Beschränkungen des Irdischen hinausführt; als teuflische Dämonie, die übermächtig in ein Leben greift." (W. Nehring, 1976, S. 23 f.)

*Der Sandmann* als Variation eines erzählerischen Strukturmodells

Wulf Segebrechts Aufsatz über E. T. A. Hoffmanns Rezeption der medizinischen Wissenschaft führt zwar zu keiner Interpretation des *Sandmanns*, liefert dieser aber wertvolle Hinweise:

„Die Wissenschaft (hier die Medizin) deckt in zunehmendem Maße die dämonischen Kräfte der Natur auf, die im Menschen tatsächlich wirksam sind; zugleich benutzt sie selbst diese Kräfte zur Therapie. Je tiefer die Wissenschaft in die ‚Geheimnisse der Natur' eindringt, desto tiefer wird auch der dem Menschen erkennbare Abgrund seiner Seele: Die Entfernung der ‚Gesunden' (der Normalen, der Philister, der Bürgertöchter in Hoffmanns Werk) von den tatsächlich erkennbar gewordenen Tiefen der Seele wird größer; sie geraten aus dem Zentrum der ‚Normalität' heraus in eine

Ausgangspunkt: Die Entdeckung der „seelischen Abgründe"

extreme Position, die bis zur automaten- und puppenhafter Seelenlosigkeit führen kann (vgl. ‚Der Sandmann'). Aber auch die ‚Kranken', die an ihrem Bewußtsein leiden, geraten mit zunehmender wissenschaftlicher Erkenntnis über die wirkenden Kräfte der Krankheit immer auswegloser unter den Einfluß dieser Kräfte. Das sind die Künstler, Träumer, Einsiedler, Phantasten, Schwärmer und Enthusiasten in Hoffmanns Werk. Beide Gruppen leiden an einer beschränkten Einseitigkeit des Bewußtseins. So wie die Gesunden nicht in der Lage sind, eine ‚Innenwelt' (die von der Wissenschaft längst erkannt ist) zu statuieren, so sind die Kranken nicht in der Lage, eine ‚Außenwelt' zu statuieren, was in der Kritik an Serapion zum Ausdruck kommt. Beide, die Gesunden und die Kranken, sind aus dem Schwebezustand des Gleichgewichts gebracht, durch den alle Ganzheit (der Natur, des Individuums, des Staates, der Gesellschaft) bestimmt ist. Die Gesunden und die Kranken sind daher in gleicher Weise Erscheinungsformen einer aus dem Gleichgewicht gebrachten, kranken Gesellschaft. Die Medizin bietet Möglichkeiten zur Erkenntnis dieser kranken Gesellschaft an; sie diagnostiziert am Einzelfall zugleich den Krankheitszustand der Gesellschaft. Von daher erklärt es sich, daß sie so lebhaft rezipiert wird und fasziniert. Aber folgerichtig schreitet die Wissenschaftsrezeption zur Wissenschaftskritik fort; denn die Medizin entwickelt nicht die Mittel zur Heilung der Gesellschaft: Sie ist darauf angewiesen, die gleichen ‚dämonischen Kräfte' selbst anzuwenden, deren Wirksamkeit sie entdeckt hat, ohne zugleich Abwehrkräfte gegen ihre Gefahren stabilisieren zu können. Infolgedessen artet sie oft entweder zum Selbstzweck oder zum Machtmißbrauch aus. Ihre Erkenntnisse müssen in Übereinstimmung gebracht werden mit der lebensnotwendigen ‚Duplizität des Seins'. Der Vermittlung der Notwendigkeit dieser Erkenntnis dient Hoffmanns Werk." (W. Segebrecht, 1978, S. 281 f.)

Das einseitige Bewusstsein von „Gesunden" und „Kranken"

Die Gesellschaft selbst ist krank

Im Rahmen seiner Untersuchung zur Psychologie um 1800 und deren literarischen und vorwissenschaftlichen Vorstufen legt Werner Obermeit eine ausführliche Interpretation des *Sandmanns* vor. Darin heißt es u. a.:

E. T. A. Hoffmanns Einfühlung in den Wahnsinn

„Hoffmann betrachtet den Wahnsinn nicht wie einen fernen Gegenstand; es kann ihm nicht gelingen, sich vom Wahnsinn zu distanzieren, da er sich von ihm betroffen und in eine wahnsinnige Welt verstrickt fühlt. Damit ist nicht gemeint, daß Hoffmann zu jenen Autoren gehöre, die mindestens so verrückt seien wie die Figuren, die sie erfinden. Ohne selber im psychiatrischen Sinne verrückt zu sein, ist er in eine

Verrückungen notwendig machende Welt gebunden. Die Betroffenheit gestattet es ihm nicht, den Wahnsinn zu objektivieren, als habe er nichts mit ihm gemein außer der Anmaßung, über ihn etwas sagen zu wollen. Die Betroffenheit zwingt ihn dazu, sich in die Nähe der wahnsinnigen Subjekte zu begeben, sich in sie einzufühlen, das wahnsinnige Individuum selbst zu Wort kommen zu lassen, ihm die eigene Sprache zu leihen. Hoffmann stellt sich nicht über den Wahnsinnigen, er steht mitten im Wahnsinn, und er schreibt nicht über den Wahnsinn, sondern aus dem Wahnsinn heraus. Er stellt sich dem Wahnsinn, er nimmt seine Herausforderung an und fühlt sich stark genug, dem Wahnsinn seine Rechte zu belassen und darauf zu verzichten, ihn seinem Zugriff entsprechend zu deformieren.
[...]
Der Leser soll Bezüge zwischen sich und der Erzählung, zwischen Figuren aus seiner Umgebung und denen aus der Erzählung, er soll Bezüge zwischen seiner Wirklichkeit und der Wirklichkeit des ‚Sandmanns' herstellen. Er soll seine eigene Wirklichkeit an der durch den ‚Sandmann' vermittelten Wirklichkeit überprüfen. Denn die Wirklichkeit und das Wunderliche gehören zusammen. Und wenn es dem Autor gelungen ist, den Leser dazu zu bewegen, sich auf die Erzählung vom ‚Sandmann' einzulassen, dann wird er auch das Wirkliche am Wunderlichen und das Wunderliche am Wirklichen erkennen. ‚Vielleicht wirst du, o mein Leser! dann glauben, daß nichts wunderlicher und toller sei als das wirkliche Leben und daß dieses der Dichter doch nur, wie in eines matt geschliffnen Spiegels dunklem Widerschein, auffassen könne.'

Rezeptionssteuernde Erzählstrategie

So wird der Leser dazu bewogen, sich mit der Psychologie Hoffmanns auseinanderzusetzen, Hoffmanns verschiedene Bewußtseinszustände, seine Normalität, seinen Wahnsinn zu verfolgen. Der Leser wird selbst in diese Zustände versetzt, so daß Clara und Nathanael die Personifikationen auch der Bewußtseinszustände des Lesers darstellen. Indem Hoffmann den Leser zu sich herüberzieht, nimmt er ihm jede Chance, den Wahnsinn als ein fernes Objekt zu betrachten. Er wird wie Hoffmann die Wege des Wahnsinnigen mit- und nachvollziehen, er wird den Wahnsinn nicht verstehen, aber er wird ihn berühren und ihn spüren." (W. Obermeit, 1980, S. 120 und 125)

Die (Selbst-) Betroffenheit des Lesers

Jochen Schmidt liest den *Sandmann* als „Künstlernovelle", die einen wichtigen Punkt der deutschen Geistesgeschichte markiere, nämlich die Absage an die (besonders in der Romantik so häufige) Verherrlichung des subjektiven Schöpfertums bzw. des „Genies":

Die poetische Einbildungskraft als Begabung und Fluch

„Im ganzen handelt es sich um die Tragödie der autonom sich entfaltenden Imagination. Vierzig Jahre früher hatte man diese Autonomie als Hauptkennzeichen poetischer Genialität gepriesen. Nach den ersten alarmierenden Vorzeichen in Goethes ‚Tasso', nach Mignon und dem Harfner, nach Tiecks Visionen vom Abgrund des Subjektivismus und des Wahnsinns im ‚Blonden Eckbert' und im ‚Runenberg', nach Jean Pauls antifichteanischen Schreckbildern des nur noch von sich selbst heimgesuchten Ichs erscheint sie nun nicht mehr bloß als Begabung, sondern als Fluch, weil sie unausweichlich zum Wirklichkeitsverlust und zur Zerstörung des Lebens, auch des eigenen Lebens führt. Dabei hält Hoffmann durchaus an der Idee einer echten Naturanlage fest. Der auffällige Name ‚Nathanael' heißt zu deutsch: ‚Der Herr hat es gegeben'. Vor allem aber deutet Hoffmann auf die naturhafte Veranlagung, indem er Nathanaels Art aus der Vererbung erklärt. Denn der alchemistisch experimentierende Vater, der zusammen mit seinem nächtlichen Besucher Coppelius in die Geheimnisse der Natur einzudringen versucht, ist nach romantischem Brauch ein Gleichnis des Dichters, der in seinem schöpferischen Geist magisch über die Kräfte der Natur verfügt. Ja, der Vater selbst erscheint schon als eine Art Dichter. ‚Oft', so berichtet Nathanael in seinem brieflichen Rückblick auf die Kindheit, ‚oft erzählte er uns viele wunderbare Geschichten und geriet darüber so in Eifer, daß ihm die Pfeife immer ausging […]' (4). Endlich präfiguriert der Tod des Vaters bei einem seiner alchemistischen Experimente die Katastrophe des Sohnes, die das Resultat seiner spezifischen Dichter-Problematik ist.

Nathanaels vom Vater ererbtes Künstlertum

[…]

Die radikale Autonomie des Subjekts schlägt um in automatisches Reagieren

Zentrales Thema der ‚Sandmann'-Erzählung ist das Umschlagen der schöpferischen Freiheit in sterile Notwendigkeit, der poetischen Genialität in Fatalität, der traditionell dem Genie zugesprochenen Autonomie in die Automatie der Maschine. Indem der Dichter Nathanael immer ‚autonomer' wird, gerät er zunehmend in wahnhafte Isolation. In dieser verkennt er nicht nur die Mitwelt. Sein Ich wird ihm zum Gefängnis, in dem er sich, ein anderer Kreisler, ‚dreht'. Das Gefühl des Unentrinnbaren vermag er aber nicht – und dieses Unvermögen gehört notwendig zu seiner Zwangssituation – auf seinen psychischen Grund hin zu analysieren und in einer befreienden Selbsterkenntnis aufzuheben. Vielmehr projiziert er das Moment des Zwanghaften, das dieser schlechten Autonomie innewohnt, dämonisierend nach außen und erfährt es wahnhaft als radikale Heteronomie [Abhängigkeit von anderen, Fremdbestimmtheit]." (J. Schmidt, 1981, S. 363 und 365)

# Anmerkungen und Erläuterungen zum Text

3,1 Die Erzählung *Der Sandmann* eröffnet den ersten Band der *Nachtstücke*. Er erschien im Verlag der Realschulbuchhandlung in Berlin mit der Jahreszahl 1817, wurde aber bereits Ende 1816 ausgeliefert.

3,1 **Nathanael, Lothar**: Zu den Namen in der Erzählung vgl. S. 59 ff.

3,1 **(1815)**: Die erste Niederschrift des *Sandmanns* ist abgedruckt in der historisch-kritischen Ausgabe von C. G. von Maassen, Bd. 3, München 1909, S. 354–386. Sie trägt das Datum: „d. 16. November 1815 Nachts 1 Uhr".

3,20 f. **für einen aberwitzigen Geisterseher**: „aberwitzig" bedeutet ‚unvernünftig, toll'. (Zum ersten Bestandteil des Wortes vgl. auch „Aberglaube".) Geisterseher ist jemand, der die Kunst beherrscht, Geister zu sehen bzw. erscheinen zu lassen. (Vgl. Schillers Romanfragment *Der Geisterseher*, 1787.)

3,21 ff. **Das Entsetzliche … besteht in nichts anderm**: Das Wunderbare, Ungewöhnliche usw. kommt mitten aus der Alltagswirklichkeit, da ja „nichts wunderlicher und toller … als das wirkliche Leben" (18,1) sei. Vgl. auch den ersten Satz des *Goldnen Topfs*.

3,24 **mittags um 12 Uhr**: Die Katastrophe wird sich ebenfalls „zur Mittagsstunde" (36,17) ereignen. Vielleicht eine Anspielung auf die griechische Mythologie: Die totenstille Mittagsstunde war die Zeit des „panischen Schreckens".

3,24 f. **Wetterglashändler**: Wetterglas ist eine Art Barometer.

4,5 f. **wie Franz Moor den Daniel**: In Schillers *Räubern* (V,1) ist Franz von Entsetzen gepackt. Er hat vom Jüngsten Gericht geträumt, ist von Schuldgefühlen beherrscht, will seine Todesangst vom Diener Daniel „weglachen" lassen.

5,1 ff. Die Erzählung der alten Frau ist ein „Antimärchen" (A. Jolles). Während es im „richtigen" Märchen so zugeht, wie es eigentlich sein sollte, und das Ende von Gerechtigkeit und Glück geprägt ist, stellt das Antimärchen die radikal-pessimistische Negation des guten Endes dar. Vgl. das Antimärchen in Büchners *Woyzeck* (in der Szene „Marie mit Mädchen vor der Hausthür").

6,36 **Coppelius**: Zu den Namen in der Erzählung vgl. S. 59 ff.

8,10 **festgezaubert**: Mit demselben Begriff wird der Erzähler (26,6) Nathanael kennzeichnen, als dieser durch das Perspektiv auf Olimpia starrt.

8,29 f. **aber ohne Augen – scheußliche, tiefe schwarze Höhlen statt ihrer**: vgl. dazu die fast wörtliche Wiederaufnahme dieser Formulierung, als Nathanael die Puppenhaftigkeit Olimpias erkennt (33,34 ff.). Dadurch wird die Vermutung unterstützt, dass es sich bei dem Experiment um die Erschaffung eines Homunkulus, eines künstlichen Menschen, handelt.

8,30 **Augen her**: Auge kann hier auch ein Fachbegriff („gediegenes Korn in der Erzstufe") sein, was dem unheimlichen Vorgang eine rationale Erklärung gäbe.

9,34 f. **Blödigkeit**: hier im Sinne von „Schwäche".

11,1 f. **dass sein Bund mit dem teuflischen Coppelius ihn nicht ins ewige Verderben ...**: Die Formulierung weckt die Assoziation an einen Teufelspakt, den Nathanaels Vater mit Coppelius eingegangen ist. Vgl. dazu die Feststellung, dass Coppelius „recht teuflisch" lacht (7,28), dass die Gesichtszüge des Vaters sich „zum hässlichen widerwärtigen Teufelsbilde verzogen" und ihn insofern „dem Coppelius ähnlich" machten (8,24 ff.), und auch Nathanaels Ausruf „Coppelius, verruchter Satan, du hast den Vater erschlagen!" (10,34 f.)

11,14 **für einen piemontesischen Mechanikus**: Piemonte ist eine oberitalienische Provinz am Fuße der Alpen. Mechanikus nennt man zu E.T.A. Hoffmanns Zeit „einen Künstler, der sich mit der Verfertigung mathematischer und physikalischer Werkzeuge beschäftigt". (Vgl. Wawrzyn, 1976, S. 95 f.)

11,15 **Giuseppe Coppola**: Zu den Namen in der Erzählung vgl. S.59 ff.

13,34 **physische Macht**: Vermutlich ein Druckfehler der Erstausgabe, plausibler ist „psychische Macht" (so auch in der ersten Niederschrift).

15,1 **logische Collegia**: Vorlesungen über Logik.

15,6 **Spalanzani**: Zu den Namen in der Erzählung vgl. S. 59 ff.

15,18 **Cagliostro**: vgl. S. 59 ff.

15,18 **Chodowiecki**: Daniel Chodowiecki (1726–1801) war ein Maler und Zeichner des bürgerlichen Lebens seiner Zeit, bekannt vor allem durch seine Buchillustrationen. Das Porträt Cagliostros findet sich im „Berliner genealogischen Kalender auf das Jahr 1789" als 11. Blatt der Serie „Modethorheiten".

17,20 **Es war einmal**: Vgl. den Anfang von Hoffmanns Erzählung *Meister Floh*: „Es war einmal – welcher Autor darf es jetzt wohl noch wagen, sein Geschichtlein also zu beginnen. – Veraltet! – Langweilig! so ruft der geneigte oder vielmehr ungeneigte Leser, der nach des alten römischen Dichters weisen Rat, gleich medias in res versetzt sein will." (*Späte Werke*, München 1965, S. 677)

17,22 **Klimax**: griech. Leiter, Treppe; Begriff der Rhetorik, der eine stegernde Reihung synonymer Wörter bzw. eine sich steigernde Gedankenführung bezeichnet.

18,22 ff. **das wunderbare Magdalenenhaar … von Battoni'schem Kolorit**: Das Gemälde „Büßende Magdalena" von Pompeo Batoni (1708–87) hat Hoffmann in der Dresdner Gemäldegalerie gesehen (vgl. seinen Brief an Hippel vom 26. 8. 1798). Es ist 1945 verbrannt. Eine Abbildung findet sich in *Kindlers Malerei-Lexikon*, Bd. 1, Zürich 1964, S. 235.

18,25 **See von Ruisdael**: Es ist unklar, ob Hoffmann sich hier auf ein Gemälde von Salomon van Ruisdael (1600–70) oder von Jacob van Ruisdael (1628–82) bezieht; von beiden Malern sind Meer- und Flusslandschaften überliefert.

19,36 f. **Begeisterung**: hier als Entsprechung von „Enthusiasmus" (griech.: Gotterfülltsein) bzw. „Inspiration" (lat.: göttlicher Einhauch) zu verstehen; verweist auf die antiken Vorstellungen einer übernatürlichen Eingebung beim dichterischen Schaffensprozess.

20,3 **diese mystische Schwärmerei**: Das Adjektiv ist hier wie an anderer Stelle (vgl. 21,2 f.: „Nathanaels dunkle, düstere, langweilige Mystik") rein negativ im Sinne von „unklar", „irrational" verwendet. Der etymologische Ursprung (griech. *myein* ‚die Augen schließen') verweist überdies auf das für den *Sandmann* so bedeutsame Augenmotiv.

23,1 f. **Stoßrapiere**: Fechtwaffen (eine Art Florett)

25,3 **Lorgnetten**: bügellose Brillen mit Stielgriff.

25,25 **Revenant**: wieder erscheinender (wörtl.: zurückkommender) Geist eines Toten, Gespenst.

26,6 **festgezaubert**: vgl. 8,10.

26,9 **Tre Zechini**: drei Zechinen (alte venezianische Goldmünze).

28,6 **Rouladen**: rollende, die Melodie ausschmückende Läufe.

28,8 **nach der Kadenz der lange Trillo**: „Kadenz" meint hier den virtuosen Soloteil eines Musikers, während die anderen Instrumente schweigen; Trillo: Triller.

29,25 f. **Legende von der toten Braut**: Anspielung auf Goethes Vampir-Ballade „Die Braut von Korinth" (1798); vgl. insbesondere die Verse 124 ff.: „Seine Liebeswut / Wärmt ihr starres Blut, / Doch es schlägt kein Herz in ihrer Brust."

30,3 **mit dem blöden Mädchen**: „blöde" kann hier auch als „schüchtern" verstanden werden.

31,13 **Hieroglyphe**: griech. „heilige Eingrabung". Das Wort, mit dem zumeist die Zeichen der ägyptischen Bilderschrift bezeichnet werden, meint hier soviel wie „Symbol".

31,32 **Sonetten, Stanzen, Canzonen**: aus dem Italienischen stammende Gedicht- und Strophenformen.

33,8 **Peipendreher**: vermutlich ein Druckfehler der Erstausgabe für das handschriftliche „Puppendreher".

33,27 **keine Augen, statt ihrer schwarze Höhlen**: vgl. 8,29.

34,24 **vernünftigen Teezirkeln**: vgl. S. 89 ff.

35,6 **Sapienti sat**: lat. Genug für den Verständigen.

36,17 **Zur Mittagsstunde**: vgl. 3,24 f.

36,28 **den sonderbaren kleinen grauen Busch**: vgl. die „buschigten grauen Augenbrauen" und den „aschgrauen Rock" des Coppelius (7,4 und 7,10).

# Literaturhinweise

Die folgenden Hinweise beschränken sich auf jene Titel, die für die vorliegende Lektürehilfe herangezogen wurden bzw. aus denen zitiert wird.

## I Ausgaben


E. T. A. Hoffmann: Werke in 6 nicht-numerierten Einzelbänden. Nach dem Text der Erstdrucke und Handschriften unter Hinzuziehung der Ausgaben von C. G. von Maassen und G. Ellinger. Hrsg. von W. Müller-Seidel und F. Schnapp. München: Winkler, 1960–81.

- Hoffmann, E.T.A. *Der Sandmann*. Textausgabe mit Materialien. Stuttgart: Klett 2010
- Fantasie- und Nachtstücke. Nachwort von W. Müller-Seidel. Anmerkungen von W. Kron. München: Winkler, 1960. [*Der Sandmann* S. 331–363.]
- Die Serapions-Brüder. Nachwort von W. Müller-Seidel. Anmerkungen von W. Segebrecht. München: Winkler, 1963.
- Sämtliche Werke in sechs Bänden. Hrsg. von H. Steinecke, W. Segebrecht [u. a.]. Frankfurt a. M.: Deutscher Klassiker Verlag, 1985–2004. [*Der Sandmann* in Bd. 3, S. 11–49.]
- Der Automaten-Mensch. E. T. A. Hoffmanns Erzählung vom *Sandmann*. Mit Bildern aus Alltag und Wahnsinn. Auseinandergenommen und zusammengesetzt von L. Wawrzyn. Berlin: Wagenbach, 1976. (Wagenbachs Taschenbücherei 24.)
- *Der Sandmann*. Textkritik, Edition, Kommentar von Ulrich Hohoff. Berlin / New York: De Gruyter, 1988.
- *Der Sandmann*. Mit einem Nachwort von J. Schmidt und Illustrationen von H. Steiner-Prag. Frankfurt a. M.: Insel, 1986. (insel-taschenbuch 934.)
- *Der Sandmann*. Hrsg. von R. Drux. Stuttgart: Reclam, 2003. (Universal-Bibliothek Nr. 230.)

# II Sekundärliteratur

## 1. Biographisches und Gesamtdarstellungen

Hitzig, Julius Eduard: E. T. A. Hoffmanns Leben und Nachlass. (1823.) Mit Anmerkungen und Nachwort von W. Held. Frankfurt a. M.: Insel, 1986. (insel-taschenbuch 755.)

Kaiser, Gerhard R.: E. T. A. Hoffmann. Stuttgart: Metzler, 1988. (Sammlung Metzler 243.)

Kleßmann, Eckart: E. T. A. Hoffmann oder die Tiefe zwischen Stern und Erde. Eine Biographie. Stuttgart 1988 / Frankfurt a. M.: Insel, 1995. (insel taschenbuch 1732.)

Safranski, Rüdiger: E. T. A. Hoffmann. Das Leben eines skeptischen Phantasten. München: Hanser, 1984 / Frankfurt a. M.: Fischer, 1987. (Fischer Taschenbuch Nr. 5662.) [Anregende, kenntnisreiche und stilistisch brillante Studie, die sich auf gründliche Einzelanalysen stützt.]

Schnapp, Friedrich: E. T. A. Hoffmann in Aufzeichnungen seiner Freunde und Bekannten. Eine Sammlung von F. S. München: Winkler, 1974.

Steinecke, Hartmut: E. T. A. Hoffmann. Stuttgart. Reclam, 1997. (Universal-Bibliothek Nr. 17605.)

Wittkop-Ménardeau, Gabrielle: E. T. A. Hoffmann in Selbstzeugnissen und Bilddokumenten. Reinbek bei Hamburg: Rowohlt, [6]1979. (rowohlts monographien 113.)

## 2. Zum Sandmann

Aichinger, Ingrid: E. T. A. Hoffmanns Novelle *Der Sandmann* und die Interpretation Freuds. In: Zeitschrift für deutsche Philologie 95 (1976) S. 113–132. [Sonderheft E. T. A. Hoffmann.]

Belgardt, Raimund: Der Künstler und die Puppe. Zur Interpretation von Hoffmanns *Der Sandmann*. In: The German Quarterly 42 (1969) S. 686–700.

Brantly, Susan: A Thermographic Reading of E. T. A. Hoffmann's *Der Sandmann*. In: The German Quarterly 55 (1982) S. 324–335.

Drux, Rudolf: E. T. A. Hoffmann, *Der Sandmann*. Erläuterungen und Dokumente. Stuttgart: Reclam, 1994. (Universal-Bibliothek Nr. 8199.)

Elling, Barbara: Die Zwischenrede des Autors in E. T. A. Hoffmanns *Sandmann*. In: Mitteilungen der E. T. A. Hoffmann-Gesellschaft 18 (1972) S. 47–53.

Ellis, John M.: Clara, Nathanael and the Narrator: Interpreting Hoffmann's *Der Sandmann*. In: The German Quarterly 54 (1981) S. 1–18.

Feldges, Brigitte / Ulrich Stadler: E. T. A. Hoffmann. Epoche, Werk, Wirkung. München: C. H. Beck, 1986. S. 135–152. (Arbeitsbücher zur Literaturgeschichte.) [Informiert über die wichtigsten Werke des Autors und berücksichtigt die Forschung in kommentierten Einzelbibliographien.]

Fischbacher-Bosshardt, Andrea: E. T. A. Hoffmann, *Der Sandmann*. In: Kunstmärchen. Erzählmöglichkeiten von Wieland bis Döblin. Hrsg. von R. Tarot. Frankfurt a. M.: Peter Lang, 1993. S. 169–176.

Gendolla, Peter: Die lebenden Maschinen. Zur Geschichte der Maschinenmenschen bei Jean Paul, E. T. A. Hoffmann und Villiers de l'Isle Adam. Marburg, 1980. S. 164–189. (Reihe Metro 10.)

Hartung, Günter: Anatomie des Sandmanns. In: Weimarer Beiträge 23, Heft 9 (1977) S. 45–65.

Hayes, Charles: Phantasie und Wirklichkeit im Werke E. T. A. Hoffmanns, mit einer Interpretation der Erzählung *Der Sandmann*. In: Ideologiekritische Studien zur Literatur. Essays I. Frankfurt a. M.: Athenäum, 1972. S. 169–214.

Hoffmann, Ernst Fedor: Zu E. T. A. Hoffmanns *Sandmann*. In: Monatshefte 54 (1962) S. 244–252.

Koebner, Thomas: E. T. A. Hoffmann: *Der Sandmann* (1816). In: Interpretationen. Erzählungen und Novellen des 19. Jahrhunderts. Bd. 1. Stuttgart: Reclam, 1988. S. 257–307. (Universal-Bibliothek Nr. 8413.)

Köhn, Lothar: Vieldeutige Welt. Studien zur Struktur der Erzählungen E. T. A. Hoffmanns und zur Entwicklung seines Werkes. Tübingen: Niemeyer, 1966. S. 91–108. (Studien zur deutschen Literatur 6.)

Kremer, Detlef: Der Zirkel des Begehrens und der Wahrnehmung: *Der Sandmann* (1816). In: D. K.: E. T. A. Hoffmann. Erzählungen und Romane. Berlin: Erich Schmidt, 1999.

Lawson, Ursula D.: Pathological Time in E. T. A. Hoffmann's *Der Sandmann*. In: Monatshefte 60 (1968) S. 51–61.

Lehmann, Hans Thies: Exkurs über E. T. A. Hoffmanns *Sandmann*. Eine texttheoretische Lektüre. In: Romantische Utopie - Utopische Romantik. Hrsg. von G. Dischner und R. Faber. Hildesheim 1979. S. 301–323.

Matt, Peter von: Die Augen der Automaten. E. T. A. Hoffmanns Imaginationslehre als Prinzip seiner Erzählkunst. Tübingen: Niemeyer, 1971. S. 76–116. (Studien zur deutschen Literatur 24.)

Motekat, Helmut: Vom Sehen und Erkennen bei E. T. A. Hoffmann. In: Mitteilungen der E. T. A. Hoffmann-Gesellschaft 19 (1973) S. 17–27.

Müller, Dieter: Zeit der Automate. Zum Automatenproblem bei Hoffmann. In: Mitteilungen der E. T. A. Hoffmann-Gesellschaft 12 (1966) S. 1–10.

Müller, Udo: „Verlorene Worte" und „Hieroglyphe der innern Welt": Romantische Schwierigkeiten mit der Sprache und anderen Kunstmedien. In: Der Deutschunterricht 39, Heft 1 (1987) S. 5–25.

Nehring, Wolfgang: E. T. A. Hoffmanns Erzählwerk: Ein Modell und seine Variationen. In: Zeitschrift für Deutsche Philologie 95 (1976) S. 3–24.

Neumann, Gerhard: E. T. A. Hoffmann, *Der Sandmann*. In: Meisterwerke der Literatur. Von Homer bis Musil. Hrsg. von R. Brandt. Leipzig: Reclam, 2001. S. 185–226.

Obermeit, Werner: „Das unsichtbare Ding, das Seele heißt." Die Entdeckung der Psyche im bürgerlichen Zeitalter. Frankfurt a. M. 1980. S. 104–126.

Prawer, Siegbert S.: Hoffmann's Uncanny Guest: A Reading of *Der Sandmann*. In: German Life and Letters 18 (1965) S. 297–308.

Preisendanz, Wolfgang: Eines matt geschliffnen Spiegels dunkler Widerschein. E. T. A. Hoffmanns Erzählkunst. (1964.) In: H. Prang (Hrsg.): E. T. A. Hoffmann. Darmstadt: Wissenschaftliche Buchgesellschaft, 1976. S. 270–291. (Wege der Forschung 486.)

Rohrwasser, Michael: Optik und Politik. Die Figur des Zauberers bei E. T. A. Hoffmann. In: Heinz Arnold (Hrsg.): E. T. A. Hoffmann. Sonderband Text + Kritik. München 1992.

Sasse, Günter: *Der Sandmann*. Kommunikative Isolation und narzisstische Selbstverfallenheit. In: G.S. (Hrsg.), Interpretationen. E.T.A. Hoffmann. Romane und Erzählungen. Stuttgart: Reclam, 2004. (Universal-Bibliothek Nr. 17526.) S. 96–116.

Schmidt, Jochen: Die Krise der romantischen Subjektivität: E. T. A. Hoffmanns Künstlernovelle *Der Sandmann* in historischer Perspektive. In: Literaturwissenschaft und Geistesgeschichte. Festschrift für R. Brinkmann. Tübingen 1981. S. 348–370.

Schroeder, Irene: Das innere Bild und seine Gestaltung. Die Erzählung *Der Sandmann* als Theorie und Praxis des Erzählens. In: E. T. A. Hoffmann Jahrbuch 9 (2001) S. 22–33.

Segebrecht, Wulf: Krankheit und Gesellschaft. Zu E. T. A. Hoffmanns Rezeption der Bamberger Medizin. In: R. Brinkmann (Hrsg.): Romantik in Deutschland. Ein interdisziplinäres Symposion. Sonderband der Deutschen Vierteljahrsschrift für Literaturwissenschaft und Geistesgeschichte. Stuttgart: Metzler, 1978. S. 267–290.

Slessarev, Helga: Bedeutungsanreicherung des Wortes: Auge. Betrachtungen zum Werke E. T. A. Hoffmanns. In: Monatshefte 63 (1971) S. 358–371.

Tatar, Maria M.: E. T. A. Hoffmann's *Der Sandmann*: Reflection and Romantic Irony. In: Modern Language Notes 95 (1980) S. 585–608.

Vietta, Silvio: Das Automatenmotiv und die Technik der Motivschichtung im Erzählwerk E. T. A. Hoffmanns. In: Mitteilungen der E. T. A. Hoffmann-Gesellschaft 26 (1980) S. 25–33

Walter, Jürgen: Das Unheimliche als Wirkungsfunktion. Eine rezeptionsästhetische Analyse von E. T. A. Hoffmanns Erzählung *Der Sandmann*. In: Mitteilungen der E. T. A. Hoffmann-Gesellschaft 30 (1984) S. 15–33.

Werner, Hans-Georg: Der romantische Schriftsteller und sein Philister-Publikum. Zur Wirkungsfunktion von Erzählungen E. T. A. Hoffmanns. In: Weimarer Beiträge 24, Heft 4 (1978) S. 87–114.

## 3. Weiterführende Literatur

Curtius, Ernst Robert: Europäische Literatur und lateinisches Mittelalter. Bern/München: Francke, [4]1963. [Darin S. 467 f.: Der göttliche Wahnsinn der Dichter.]

Elias, Norbert: Über den Prozess der Zivilisation. Soziogenetische und psychogenetische Untersuchungen. 2 Bde. Frankfurt a. M.: Suhrkamp, 1976. (suhrkamp taschenbuch wissenschaft 158/159.)

Freud, Sigmund: Das Unheimliche. In: S. F.: Freud-Studienausgabe. Bd. 4: Psychologische Schriften. Frankfurt a. M.: Fischer, 1970. S. 241–274.

Ritter, Joachim (Hrsg.): Historisches Wörterbuch der Philosophie. Darmstadt: Wissenschaftliche Buchgesellschaft, 1971 ff. [Darin die Artikel „Enthusiasmus“, Bd. 2, Sp. 525–528, und „Inspiration“, Bd. 4, Sp. 401–407.]

# Prüfungsaufgaben und Lösungen

1. Die erste Zwischenrede des Erzählers (Analyse)
2. Nathanaels Dichtung (Analyse)
3. Der Erwerb des Perspektivs (Analyse)
4. Die Figur Clara im Licht zweier konträrer Bewertungen (Erörterung)
5. Der Schluss der Erzählung (Analyse)
6. Die fehlende Erotik in E.T.A. Hoffmanns Erzählung (Erörterung)
7. Nathanael wird von Siegmund gerettet (Gestaltende Interpretation)
8. Der Blick auf die marmorne Venus (Eichendorff) (Analyse)

# 1 Die erste Zwischenrede des Erzählers

## Textstelle:

S. 16, Z. 16 („Seltsamer und wunderlicher kann nichts erfunden werden") – S. 18, Z. 3 („auffassen könne.")

## Aufgabe

Analysieren und interpretieren Sie das erste Auftreten des Erzählers.

- Arbeiten Sie insbesondere das Verhältnis zwischen Erzähler und Nathanael sowie jenes zwischen Erzähler und Leser heraus.
- Erläutern Sie, inwieweit die Intervention des Erzählers etwas über das Konstruktionsprinzip der Erzählung verrät bzw. eine Anleitung zum „richtigen Lesen" darstellt.

## Kontext und Aufbau

Nach den drei kommentarlos vorgelegten Briefen meldet sich der Erzähler zu Wort. Er wendet sich mit einer überraschenden Anrede an den Leser, und er erklärt die Besonderheit seines erzählerischen Verfahrens.

Der Textauszug lässt sich in zwei Abschnitte gliedern:

1. (S. 16, Z. 16 – S. 17, Z. 19): Der Erzähler wendet sich an den Leser.
2. (S. 17, Z. 20 – S. 18, Z. 3): Der Erzähler spricht über Aufbau, Fortgang, Intention der Erzählung.

**Zu 1:** Der Erzähler an den Leser

- „Seltsamer und wunderlicher" könne „nichts erfunden werden" als das, was er „zu erzählen unternommen" habe. Das ließe sich als eine Art Selbstlob des Erzählers verstehen, der sich seiner Phantasie oder *Erfindungsgabe* rühmt.
- Der Erzähler will sich mit dem Seltsamen und Wunderbaren aber zugleich auf das beziehen, „was sich mit [s]einem armen Freunde, dem jungen Studenten Nathanael, zugetragen" habe, also auf etwas Wirkliches. Insofern scheint der Erzähler sich auf die Wiedergabe einer *Realität* zu beschränken, für deren Wahrheitsgehalt er als Freund der Hauptfigur einsteht.
- Ist die Geschichte nun als „wirkliche" oder als „erfundene" zu verstehen? Der Erzähler verwischt und verrätselt seine Auskunft, er lässt im Unklaren, was als tatsächliches Miterleben oder als inneres Erlebnis zu gelten hat, und er ernennt ausgerechnet in diesem Zusammenhang den Leser zu seinem verständnisvollen Kollegen und Kumpan (und zwar mit ironischer

Rückversicherung, denn die Wendungen „günstiger Leser" und „Geneigtester" übertreiben die Wertschätzung denn doch ein wenig).

- Der Leser wird mit der Frage überrumpelt, ob er denn nicht auch einmal etwas „erlebt" habe, was seine „Brust, Sinn und Gedanken ganz und gar erfüllte, alles andere daraus verdrängend". Der Begriff des „Erlebnisses" bleibt doppeldeutig schillernd, verlagert sich dann jedoch mehr und mehr auf das eines „inneren Bildes".
- Das „innere Bild" nun, das der Leser angeblich wie der Erzähler besitze oder mit einem „kecken Maler" oder überhaupt einem künstlerischen Menschen teile, das müsse nun mit immer glühenderen Farben ausgemalt werden, damit das Publikum „wie du [i.e. der Leser] sich selbst mitten im Bilde, das aus deinem Gemüt hervorgegangen", wiederfinde.

**Zu 2:** Der Erzähler verrät die Geheimnisse seiner Vorgehensweise.

- Der Erzähler bekennt, dass er die „seltsame und wunderliche" Geschichte Nathanaels „bedeutend, originell, ergreifend" anfangen lassen wollte. Dies sei nicht zuletzt deshalb so schwierig, weil er dem Leser zumuten müsse, „Wunderliches zu ertragen".
- Den klassischen Märchenanfang („Es war einmal") habe er erwogen, dann aber – wie er mit ironischer Behauptung glauben machen will – als „zu nüchtern" verworfen. Die Darbietung des Wunderlichen nach Märchenart hätte dem Leser allerdings eine bestimmte Leseanleitung geliefert, derzufolge er sich auch auf das ganz und gar Unwahrscheinliche (vielleicht gar sprechende Tiere usw.) gefasst machen müsste.
- Auch den Anfang einer realistischen Erzählung, die auf Lokalisierung des Geschehens und Chronologie der Ereignisse bedacht ist („In der kleinen Provinzialstadt S. lebte"), habe der Erzähler nicht wählen wollen. Damit verzichtet er dem Leser gegenüber natürlich auch auf die Betonung des Wirklichkeitscharakters seiner Geschichte.
- Ebenfalls verworfen habe der Erzähler den „Medias-in-res"-Anfang, der den Leser mit wörtlicher Rede konfrontiert und unmittelbar ins Geschehen versetzt. Auch dieser Beginn sei nicht dazu geeignet, den „Farbenglanz des innern Bildes abzuspiegeln".
- In vermeintlicher Resignation will der Erzähler sich dazu entschlossen haben, „gar nicht anzufangen". Er lege vielmehr „die drei Briefe, welche Freund Lothar [ihm] gütigst mitteilte" (neuerliche Beschwörung der Authentizität!), als jenen „Umriss des Gebildes" vor, in das er nun „erzählend immer mehr und mehr Farbe hineinzutragen [sich] bemühen werde." Damit hält der Erzähler sich alle drei genannten Erzählperspektiven offen und lässt den Leser im Unklaren über den geltenden Wirklichkeitsmodus.

## Das Verhältnis des Erzählers zu Nathanael und zum Leser

- Wenn der Erzähler von Nathanael als „[seinem] armen Freunde" spricht und davon, dass er die drei Briefe dank „Freund Lothar" im Wortlaut vorlegen könne, dann möchte er damit zweierlei bekräftigen: erstens, dass er wirklich wisse, worüber er rede, und zweitens, dass er nicht über den Personen der Erzählung stehe, sondern sozusagen neben ihnen, zudem in freundschaftlicher Nähe.
- Wie groß die Nähe zwischen Erzähler und Nathanael tatsächlich ist, ergibt sich paradoxerweise aus den Bemerkungen, mit denen der Erzähler dem Leser weismachen will, dass des Lesers angebliche Mitteilungsprobleme mit den Darstellungsproblemen des Erzählers identisch seien („innere Glut" und „glühende Farben" der poetischen Wahrnehmung stehen in Gefahr, nur auf „frostige und tote" Reaktion zu treffen).
- Denn genauso, wie der Erzähler dem Leser einreden will, ergeht es Nathanael: dass ihn die inneren Bilder entflammen, dass sein „poetisches Gemüt" ihn aber den „kalten prosaischen Menschen" entfremdet. Nathanaels Hoffnung, z.B. „Claras kaltes Gemüt" könne durch sein Gedicht „entzündet werden" (S. 21 f.), erfüllt sich nicht. Nathanael wird jenen verständnisvollen Adressaten seiner inneren Bilder nicht finden, den der Erzähler im Leser gefunden zu haben glaubt.
- In dem Maße nun aber, wie der Erzähler in der Metaphorik der Erhitzung seine kollegiale Nähe zum künstlerischen Nathanael und zum Leser bekennt, wird und soll auch die sympathetische Nähe des Lesers zu Nathanael wachsen. Die mag dann sogar zu einem traurigen Verständnis von dessen Wahnsinn („Feuerkreis" usw.) führen.

## Über den „Wirklichkeits"-Begriff der Erzählung

- Was heißt „Darstellung der Wirklichkeit" (griech. *mimesis*)? Der Erzähler des *Sandmanns* legt sich nicht fest: Der Leser möge glauben, dass „nichts wunderlicher und toller […] als das wirkliche Leben" sei, der Dichter könne es aber nur „wie in eines matt geschliffnen Spiegels dunklem Widerschein" erfassen.
- Ob nun ein „inneres Bild" oder die „äußere Wirklichkeit" das Primäre sein mag, das Kunstwerk (die Erzählung) werde zu einem „matt geschliffnen Spiegel", in dem sich die Wirklichkeit nicht direkt und unmittelbar abbilde, sondern nur annähernd, in einem „dunklen Widerschein", wiedergeben lasse. Das heißt: „Wirklichkeit" ist und bleibt mehrdeutig.
- Und wie soll der Leser sich lesend verhalten? Aufmerksam und gelassen und bereit, „Wunderliches zu ertragen". Sofern es dem Erzähler nur gelingt, die Glut seines „innern Bildes" unverfälscht nach außen zu tragen (zur Erzählung auszugestalten), werde der Leser schon ihn und sich selbst in dem äußeren Bilde wiedererkennen.

# 2 Nathanaels Dichtung

## Textstelle:

S. 21, Z. 1 („Sein Verdruss über Claras kaltes prosaisches Gemüt") – S. 22, Z. 4 („[Bilder], die ein entsetzliches, ihre Liebe zerstörendes Geschick weissagten.")

## Aufgabe

Analysieren und interpretieren Sie Nathanaels Dichtung.
- Achten Sie dabei neben den inhaltlichen Motiven vor allem auch auf die psychologischen Rahmenbedingungen sowie die poetische Verfahrensweise des entstehenden Werks.
- Erläutern Sie, welche Funktion Nathanaels Dichtung für die Erzählung insgesamt zukommt.

## Kontext und Aufbau

Der nach Hause zurückgekehrte Nathanael zeigt sich „in seinem ganzen Wesen durchaus verändert" (S. 19). Er ist überzeugt davon, dass es keinen freien Willen gebe, dass der Mensch „nur dunklen Mächten zum grausamen Spiel diene" (ebd.). Und die „Begeisterung", die der Mensch zu kreativem Schaffen benötige, komme keineswegs „aus dem eignen Innern, sondern sei das Einwirken irgendeines außer uns selbst liegenden höheren Prinzips." (S. 19 f.) Clara ist all dies „im höchsten Grade zuwider" (S. 20), und nicht nur sie, auch der Erzähler findet die von Nathanael neuerdings geschriebenen Texte „in der Tat sehr langweilig" (S. 20 f.).

An dieser Stelle setzt der Textauszug ein. Er lässt sich in drei Abschnitte gliedern:
1. (S. 21, Z. 1 – S. 21, Z. 10): Das liebende Einverständnis zwischen Nathanael und Clara wird immer brüchiger; die Fremdheit zwischen ihnen wächst, ohne dass sie sich dieses eingestehen wollen oder können. Da beschließt Nathanael ein Gedicht darüber zu schreiben, dass Coppelius „sein Liebesglück stören werde".
2. (S. 21, Z. 10 – S. 21, Z. 30): Das vom Erzähler referierte Gedicht Nathanaels.
3. (S. 21, Z. 31 – S. 22, Z. 4): Nathanaels Gedanken und Empfindungen gegenüber dem eigenen Werk.

**Zu 1:** Die Verlobten werden einander immer fremder.
- In Nathanaels Gedicht wird eben jener Entfremdungsprozess auftauchen, den weder er noch Clara sich offen eingestehen wollten.

- Die sich auflösende Gemeinsamkeit der beiden Liebenden wird darin zu einem dramatischen Konflikt ausgestaltet, der in Claras vorübergehenden „Sieg" über Coppelius mündet, aber schließlich mit Nathanaels Tod endet.

**Zu 2:** Nathanaels Gedicht

- Nathanael zwischen Clara und Coppelius – diese Handlungskonstellation aus Nathanaels Lebenswirklichkeit wird in seinem Gedicht nun sozusagen ausagiert. Dabei spricht Clara wiederum aus, wovon sie Nathanael in ihrem Brief sowie den zahlreichen Debatten zuvor schon immer hatte überzeugen wollen, dass er nämlich auf die Außenwelt projiziere, was doch nur aus seinem eigenen Inneren komme.
- Im Mittelpunkt des Gedichts steht – wie in der ganzen Erzählung überhaupt – das Motiv von Auge und Blick. Der Nathanael des Gedichts, der halbwegs bereit zu werden scheint zu begreifen, dass es „glühende Tropfen [s]eines eignen Herzbluts" waren, die er als Claras Augen wie „blutige Funken sengend und brennend" in seiner Brust spürt, wird – ruhiger geworden – den Tod in Claras Blick wahrnehmen.
- Auch die Metaphorik der Erhitzung, des Brennens und Glühens, des „Feuerkreises", verbindet Nathanaels Gedicht mit anderen Teilen der Erzählung.

**Zu 3:** Nathanaels Gedanken und Empfindungen gegenüber dem eigenen Werk

- Sein Gedicht ist, wie der ruhig und besonnen an ihm arbeitende Nathanael glaubt („er feilte und besserte an jeder Zeile"), ganz sein eigenes Werk. Dennoch hört er dann beim lauten Vorlesen mit Entsetzen eine fremde „grauenvolle Stimme" heraus, er stößt auf die feindliche Übernahme des eigenen Selbst.
- Diese Verstörung weicht zwar schnell der Hoffnung, „Claras kaltes Gemüt" könne durch sein Gedicht „entzündet werden". Dass diese Hoffnung in Anbetracht der „grauenvollen Bilder" seines Gedichts, „die ein entsetzliches, ihre Liebe zerstörendes Geschick weissagten", illusorisch bleiben muss, weiß er allerdings auch. Er könnte zudem nicht einmal sagen, „wozu denn Clara entzündet werden" solle.

## Psychologische Rahmenbedingungen und poetische Verfahrensweise

- Zum Thema seines Gedichts wählt sich Nathanael etwas, von dem man sagen könnte, dass es seine „Brust, Sinn und Gedanken ganz und gar erfüllte, alles andere daraus verdrängend" (S. 16). Er macht sich also genau das zum Programm, was der Erzähler in seiner „Kollegen-Anrede" an den Leser beschrieben hatte.

- Denn eigentlich war die Gestalt des Coppelius in Nathanaels Phantasie schon „erbleicht“, sodass es ihm nur mit großer Mühe noch einigermaßen gelang, „ihn in seinen Dichtungen, wo er als grauser Schicksalspopanz auftrat, recht lebendig zu kolorieren.“ (S. 21) Doch die „düstre Ahnung, dass Coppelius sein Liebesglück stören werde“ – sie kann jenes „innere Bild“ entstehen lassen, zu dem er wie von selbst die „glühenden Farben“ findet.
- Der Erzähler teilt als Tatsache mit, dass und wie sich die Verlobten innerlich voneinander entfernen. Ist dann die Erwägung abwegig, dass Nathanael unbewusst der Ehe mit Clara entkommen will? In seinem Gedicht malt er jedenfalls aus, wie die Eheschließung, „als sie schon am Traualtar stehen“, von Coppelius verhindert wird. Er ließe die feindliche Macht also das tun, was er als eigenen Wunsch sich nicht zu gestehen wagt.

## Die Funktion von Nathanaels Dichtung für die Erzählung insgesamt

- Unmittelbar handlungsrelevante Funktion: Das vorgelesene Gedicht führt zum offenen Zerwürfnis („Du lebloses, verdammtes Automat!“ einerseits, „Ach er hat mich niemals geliebt“ andererseits), zu einem gerade noch verhinderten Duell, zu einer Versöhnung der Liebenden.
- Funktion als epische Vorwegnahme: Das Motiv der gegen Nathanaels Brust geworfenen Augen wird das grausige Ende der Olimpia-Episode bestimmen und zu Nathanaels offenem Wahnsinn mit den dazugehörigen „Feuerkreis“-Rufen führen. Und das Ende der Erzählung wird bestätigen, dass Coppelius das Liebesglück mit Clara verhindert und Nathanael den Tod findet.
- Die Erzählung lässt insofern noch die abstrusesten Einzelheiten aus Nathanaels Gedicht „sich bewahrheiten“. Doch sollte daraus nicht geschlossen werden, dass sie deshalb Nathanael gegenüber Clara in allen Dingen nachträglich recht gäbe.

# 3 Der Erwerb des Perspektivs

## Textstelle:

S. 24, Z. 23 („Eben schrieb er an Clara") – S. 26, Z. 10 („rasch zahlte er das Verlangte")

## Aufgabe

Analysieren und interpretieren Sie den Textauszug.

- Arbeiten Sie vor allem heraus, was der Erwerb des „Perspektivs" vor dem Hintergrund des Perspektivenkonflikts zwischen Clara und Nathanael bedeutet.
- Achten Sie insbesondere auf die Erzählweise, mit der Nathanaels Blick durch das Fernrohr auf Olimpia wiedergegeben wird.

## Kontext und Aufbau

Infolge eines Brandes muss Nathanael eine neue Wohnung beziehen, aus deren Fenster heraus er direkt in das Zimmer Olimpias im gegenüberliegenden Haus Spalanzanis blicken kann. Dass er an diesem Umstand so gar nichts „Besonderes" findet (S. 24), muss überraschen. Allerdings hat er „Clara im Herzen", sodass „ihm die steife, starre Olimpia höchst gleichgültig" bleibt. (ebd.)

An dieser Stelle setzt der Textauszug ein. Er lässt sich in drei Abschnitte gliedern:

1. (S. 24, Z. 23–30): Der im Schreiben eines Briefes an Clara durch das Auftauchen Coppolas unterbrochene Nathanael will diesem durchaus kein „Wetterglas" abkaufen, sondern bittet ihn zu gehen.
2. (S. 24, Z. 31 – S. 25, Z. 20): Coppola drängt gleichwohl in Nathanaels Stube hinein und breitet auf dem Tisch eine Vielzahl von Brillen aus. In ihnen nimmt Nathanael „tausend Augen" wahr, die „flammende Blicke" und „blutrote Strahlen in [seine] Brust" schießen, sodass er in „tollem Entsetzen" und schreiend und Coppola beim Arm packend durchsetzen muss, dass dieser die Brillen wieder einpackt.
3. (S. 25, Z. 20 – S. 26, Z. 10): „Ganz ruhig und an Clara denkend" kauft Nathanael schließlich ein kleines Fernrohr, und zwar deshalb, weil er, das Perspektiv probeweise auf Olimpia richtend, von dem Anblick derart „festgezaubert" wird, dass er die Gegenwart Coppolas ganz vergisst.

**Zu 1:** Nathanael steht ganz unter dem guten und heilsamen Einfluss Claras

- An sie schreibt er gerade einen Brief, und an sie denkt er (bzw. an das, was er ihr „heilig versprochen" hat), als er plötzlich in „Coppolas widerwärtiges Gesicht" schauen muss. Ja, er schämt sich nun geradezu seiner „kindischen Gespensterfurcht" und fordert Coppola zum Gehen auf.
- Dass Nathanael den Händler nicht am Eintritt in die Stube hindern kann, mag „nichts Besonderes" sein. Was sich als aufdringliches oder gar typisches Geschäftsgebaren deuten lässt, ließe sich allerdings auch so interpretieren: Der feindlichen äußeren Macht, die es in Gestalt von Coppelius/Coppola auf Nathanael abgesehen hat, ist nicht mit gutem Willen allein oder mit Hilfe der Erinnerung an Claras rationale Analysen zu trotzen.

**Zu 2:** Wiederaufleben des Kindheitstraumas und die gespenstischen Brillen

- Der entsetzliche Schrecken, in den Nathanael durch die folgende Szene versetzt wird, entwickelt sich in dreistufiger Zunahme an Intensität: Da sind erstens bestimmte physiognomische Eigenheiten Coppolas sowie sein hässliches Lachen, die beinahe wortgetreu der ersten Beschreibung Coppelius' entsprechen. Da ist zweitens allein schon die Nennung des Wortes Augen („sköne Oke"), die Nathanaels Entsetzen steigert. Und da sind drittens die Brillen, vor denen Nathanael sich derart ängstigt, dass ihm die eigenen Blicke aus ihnen immer wilder und feindlicher in die eigene Brust zurückschießen.
- In der Schreckenswelt dieser Szene ist jeder Gedanke an Clara verschwunden, keine helfende Instanz (und sei sie auch nur virtuell gegenwärtig) ist in Sicht.

**Zu 3:** „Ganz ruhig und an Clara denkend" kauft Nathanael das Perspektiv

- Kaum hat Coppola die Brillen vom Tisch geräumt und sie durch eine Menge kleiner und großer Fernrohre ersetzt, erinnert sich Nathanael wieder an Clara. Er glaubt jetzt selbst, wie sie das nicht besser formulieren könnte, „dass der entsetzliche Spuk nur aus seinem Innern hervorgegangen" sei, und hält Coppola für einen gewöhnlichen Händler optischer Geräte, der „keineswegs" etwas mit Coppelius gemein habe.
- Er blickt mit dem Perspektiv auf Olimpia – und ist dabei „wie festgezaubert". Dieses Wort scheint nun aber mit düsterer Bedeutung aufgeladen, denn es tauchte in der Erzählung schon einmal auf, nämlich als der kleine Nathanael heimlich die nächtliche Arbeit von Coppelius und dem Vater beobachtete. (S. 8)

## Der Erwerb des Perspektivs und der Perspektivenkonflikt zwischen Nathanael und Clara

- Immer wollte Clara Nathanael davon überzeugen, er solle sich mehr an „die wahre wirkliche Außenwelt“ halten (S. 12), und ebendies tut Nathanael jetzt mit dem Kauf des Perspektivs. Es handelt sich dabei um ein Instrument der Aufklärung im präzisen Wortsinn, es bringt das Entfernte oder Undeutliche mittels eines Objektivs näher heran, lässt es besser und genauer betrachten, sorgt für Klarheit.
- Mit dem Kauf des Perspektivs scheint sich der Romantiker Nathanael somit von der schrankenlosen Hingabe an die Phantasiegebilde seines Inneren zu befreien und sich ganz bewusst der tatsächlichen Wirklichkeit der Personen und Dinge zuzuwenden.
- Ironischerweise hat es mit *diesem* Perspektiv, der von Coppelius/Coppola gefertigten Exklusivware, aber eine genau gegenteilige Bewandtnis: Es verstärkt nämlich Nathanaels romantische Perspektive und spiegelt ihm z. B. aus den toten Puppenaugen Olimpias nur den eigenen Sehnsuchtsblick zurück.

## Wie der Erzähler Nathanaels Blick durch das Perspektiv auf Olimpia nachzeichnet

- Eine genaue Analyse Satz für Satz (wie in der vorliegenden Lektürehilfe S. 72 f.) müsste darlegen, mit welchem Raffinement hier auktoriale und personale Perspektive ineinander übergehen und wie die „Als-ob“-Wahrnehmungen Nathanaels offen lassen, inwiefern sie einem von dem Perspektiv ausgehenden geheimen Zwang unterliegen.

# 4 Die Figur Clara im Licht zweier konträrer Bewertungen

## Text I (John M. Ellis)

„In dem Maße, wie ein Automat ein Geschöpf ist, das – ohne darauf zu achten, was um es herum geschieht – seinem eigenen Programm folgt, liegt ganz entschieden etwas Automatenhaftes in Claras Streben nach einem glücklichen Eheleben mit Nathanael: Was immer Nathanael auch tut und wie immer offensichtlicher es dabei wird, dass sie beide nicht zusammenpassen, so wird Clara doch nie schwankend. […]
Die ganze Geschichte hindurch wischt Clara alle Anzeichen der fehlenden Übereinstimmung mit Nathanael hinweg, lehnt es ab, sie ernst zu nehmen, und reagiert lediglich dann verärgert, wenn diese Entfremdung offen zutage tritt. […]
Ihr Verhalten ist programmiert, und nicht einmal schreckliche Erfahrung hat irgendeine Wirkung auf das Programm. […]
Das Problem ist nicht, dass Clara anders als Olimpia ist, sondern dass sie ist wie sie."
John M. Ellis, „Clara, Nathanael and the Narrator. Interpreting Hoffmann's *Der Sandmann*", in: *The German Quarterly* 54 (1981) S. 1–18, hier S. 9 und S. 12 (Übers. von P. C. Giese).

## Text II (Jochen Schmidt)

„Zwar gehört es zu den festgetretenen Irrtümern der modernen Hoffmann-Deutung, daß auch Claras Sehweise, wie diejenige Nathanaels, einseitig und daher inadäquat sei – daß sie infolgedessen auch nichts zu Nathanaels Heilung beitragen könne. Aber blickt nicht doch nur Nathanael durch ein ‚Perspektiv'? Und warum sollte Claras rationale Analyse inadäquat sein? Daß sie den Geliebten nicht zu retten vermag, liegt nicht an ihrer Unzulänglichkeit, sondern an Nathanaels Unheilbarkeit. Darauf kommt es an. Der Gedanke an so manche von Hoffmanns anderen Erzählungen, in denen die Geliebte lediglich den Künstler in seinem Beruf gefährdet, indem sie ihn in eine triviale Lebenswirklichkeit herabzuziehen droht, legt es zwar nahe, im ‚Sandmann' wenn schon nicht die offensichtlich hoffnungslose Position des Poeten zu rechtfertigen, so doch wenigstens diejenige der Braut Clara im Sinne einer bornierten Realitätsgebundenheit zu kritisieren. Indes gibt der Text hierfür keinerlei Anhaltspunkte, es sei denn, man übernimmt die Sehweise Nathanaels selbst."

Jochen Schmidt, „Die Tragödie der Selbstverfallenheit" (Nachwort), in: E. T. A. Hoffmann, *Der Sandmann*, Frankfurt a. M.: Insel, 1986 (insel taschenbuch 934), S. 63–84, hier S. 67 f.

## Aufgabe

- Arbeiten Sie die wesentlichen Thesen der beiden Texte heraus.
- Erläutern Sie, welche Passagen der Erzählung für oder gegen die vertretenen Thesen sprechen, wobei Ihre Aufmerksamkeit besonders dem Vergleich Clara – Olimpia gelten sollte.
- Begründen Sie Ihre eigene Beurteilung der Clara-Figur.

## Die wesentlichen Thesen der vorgelegten Texte

- Text I: Clara – (ebenfalls) ein Automat: Clara sei derart auf die Vorstellungen von Ehe und „ruhigem häuslichen Glück" (vgl. den Schlussabsatz der Erzählung) „programmiert", dass ihr Realitätsbewusstsein darunter leide. Sie reagiere automatenhaft und könne oder wolle nicht wahrhaben, was tatsächlich mit Nathanael geschieht. Ihr „gesunder Menschenverstand" sei gar nicht gesund, sondern philisterhaft verengt.
- Text II: Clara als positive Identifikationsfigur: Claras „rationale Analyse" von Personen und Ereignissen werde in der Erzählung an keiner Stelle widerlegt; ihr Scheitern liege allein daran, dass Nathanael einfach nicht zu helfen gewesen sei. Clara kritisch zu sehen heiße, die – krankhaft verzerrte – Perspektive Nathanaels zu übernehmen.

## Erörterung der Thesen

- Schon Claras Name ist Programm: Sie verkörpert alles, was hell, klar, verständlich, einleuchtend ist, sodass der Bezug auf die „Aufklärung" in realem wie übertragenem Sinn sich aufdrängt. Nun mag es zwar stimmen, dass Claras rationale Analyse in der Erzählung nie ausdrücklich widerlegt wird, aber stark relativiert wird sie schon.
- Denn Claras heiter-optimistische Weltzuversicht wird durch den Verlauf der Handlung letztlich nicht bestätigt. Ihre Überzeugung, die Dämonen in Nathanaels Innerem ließen sich mit Tapferkeit und gutem Willen schon irgendwie besiegen, erscheint als naiv. Nicht allein deshalb, weil dem kranken Nathanael einfach nicht zu helfen gewesen wäre, sondern auch deshalb, weil sie das in Gestalt des Coppelius tatsächlich vorhandene und auf Nathanael einwirkende Böse unterschätzt.
- Dass Claras „ruhiges, weiblich besonnenes Gemüt" eine gewisse Beschränktheit, wenn nicht gar hausfrauliche Borniertheit einschließt (vgl. S. 11), mag nur aus Nathanaels „kindischer Neckerei" hervorgehen und also eine Übertreibung darstellen, ganz aus der Luft gegriffen muss es deshalb nicht sein.
- Für „kalt, gefühllos, prosaisch" wird Clara nach Mitteilung des Erzählers nicht nur von Nathanael, sondern auch „von vielen" anderen „gescholten" (S. 19), was ihre Funktion als rein positive Identifikationsfigur mit Sicherheit einschränkt.

- Der Kontrast zwischen Clara und Olimpia ist der zwischen lebendem und künstlichem Menschen, zwischen Frau und Puppe, und er könnte insofern größer nicht sein. Dass Nathanael Clara als seelenlosen Automaten beschimpft (S. 22), sich aber dann in einen wirklichen Automaten verliebt, ist Beweis seines narzisstischen Wahns.
- Allerdings ist Olimpias konstruktionsgebundene Wortkargheit gar nicht so weit von „Claras schweigsamer Natur" (S. 19) entfernt; vor allem aber haben beide miteinander gemein, dass der fehlende seelische Ausdruck ihres Blicks ihre Augen zu Spiegeln werden lässt, die den Betrachter (und zwar nicht nur Nathanael!) verführen, etwas in sie hineinzusehen, was dort gar nicht vorhanden ist (vgl. S. 18).
- Richtig ist, dass Clara auch nach der Olimpia-Katastrophe bzw. nach Nathanaels offensichtlichem Wahnsinnsausbruch in Treue zum Geliebten steht (S. 35). Diese Haltung für ein automatenhaftes Festhalten an Claras einmal gefasstem Programm der Eheschließung mit Nathanael zu halten, ist möglich. Ebenso möglich ist aber, hier eine liebenswerte Variante des „Liebe macht blind"-Motivs zu sehen oder gar auf überraschende Weise in der „Vernunftmaschine" Clara die Emotionalität der liebenden Frau zu entdecken.

## Eigene Beurteilung der Clara-Figur

- Eine Zustimmung sowohl zur ersten wie zur zweiten These lässt sich anhand des Erzählungstextes illustrieren und begründen. Vielleicht gelingt aber auch die Einsicht, dass im *Sandmann* die Perspektiven der Aufklärung und der Romantik (also die von Clara und Nathanael) auf höchst differenzierte Weise nachgezeichnet, gegeneinandergeführt und kritisiert werden, sodass beide ihre partielle Berechtigung behalten.

# 5 Der Schluss der Erzählung

## Textstelle:

S. 35, Z. 37 („Jede Spur des Wahnsinns war verschwunden") – S. 37, Z. 38 („[Glück], das ihr der im Innern zerrissene Nathanael niemals hätte gewähren können.")

## Aufgabe

Analysieren und interpretieren Sie den Schluss des *Sandmanns.*

- Achten Sie dabei vor allem auch auf jene Aspekte in Motivik, Verhalten der Personen und Erzählweise, die in früheren Teilen der Erzählung eine Entsprechung haben.
- Erläutern Sie Bedeutung und Funktion des letzten Absatzes.

## Kontext und Aufbau

Nach dem furchtbaren Ende der Olimpia-Episode (Zerstörung der Puppe, Verbringung des wahnsinnig tobenden Nathanael ins „Tollhaus") sowie nach einer Zwischenrede des Erzählers, in der auf satirisch-ironische Weise die „Bewältigung" des Olimpia-Skandals in den Teegesellschaften beleuchtet wird, wendet sich die Erzählung wieder dem zu, „was sich weiter mit dem unglücklichen Nathanael zugetragen" hat (S. 34).
Das Ende der Erzählung muss Aufschluss darüber geben, wie sich die antithetische Personenkonstellation zwischen Nathanael und Coppelius/Coppola einerseits und Nathanael und Clara andererseits auflöst. Die Erwartung des Lesers ließe sich als die folgende Frage formulieren: Wird der „Sieg" Claras eine glückliche Zukunft Nathanaels begründen oder der Triumph des „Sandmanns" Nathanael ein düsteres Schicksal bereiten?

Der Textauszug lässt sich in drei Erzählabschnitte unterteilen:

1. (S. 35, Z. 37 – S. 36, S. 27): Der genesene Nathanael im Kreise seiner Liebsten und Freunde
2. (S. 36, Z. 28 – S. 37, Z. 29): Die dramatischen Ereignisse auf dem Turm bis hin zu Nathanaels Tod
3. (S. 37, Z. 30 – 38): Clara und ihr „ruhiges häusliches Glück"

**Zu 1:** Das beglückende Familientableau

- Nathanael erfreut sich „der sorglichen Pflege der Mutter, der Geliebten, der Freunde".
- Er ist körperlich und seelisch gesundet („jede Spur des Wahnsinns war verschwunden").
- Er hat sich in seinem Wesen positiv verändert („milder" und „kindlicher" als je zuvor, erkennt er „nun erst recht Claras himmlisch reines herrliches Gemüt").
- Nathanael möchte seine Clara heiraten: Alles scheint sich zu einem geradezu märchenhaften *happy ending* zu fügen, zumal das privat-emotionale Glück höchst sinnvollerweise durch unverhofft eintretendes materielles Glück (Erbschaft) ergänzt wird.
- Allerdings hält der Erzähler gleich zweimal für erwähnenswert (Z. 10 f., Z. 15 f.), dass Nathanaels Gesundung wohl auch deshalb so geradlinig voranschreitet, weil die Personen seiner Umgebung ständig darauf bedacht sind, Nathanael vor seinen Erinnerungen zu schützen, und auch nur „den leisesten Anklang an die Vergangenheit" von ihm fernhalten.
- Insofern ahnt der Leser, dass dieses beglückende Familientableau noch nicht das Ende der Erzählung sein kann, weil es sozusagen die Bewährungsprobe Nathanaels ausspart: Wie wird er sich verhalten, wenn die beschwiegene bzw. verdrängte Vergangenheit wieder auflebt, wenn also die Nathanael-Coppelius/Coppola-Konstellation reaktiviert wird?

**Zu 2:** Die Katastrophe auf dem Turm

- Die Katastrophe entwickelt sich in zwei Phasen: Die erste umfasst Nathanaels Rückfall in den Wahnsinn, seinen Tötungsversuch, Claras Errettung; die zweite schildert, wie Nathanael des Coppelius gewahr wird und sich daraufhin zu Tode stürzt.
- Eingeleitet – oder genauer gesagt: unwissentlich ausgelöst – wird die Katastrophe durch Clara: Ihrem Vorschlag folgend erklettert Nathanael mit Clara die höchste Galerie des Turmes, und sie ist es, die ihn auf den „sonderbaren kleinen grauen Busch" aufmerksam macht, sodass er zum Fernrohr (dem „Perspektiv") greift.
- „Mechanisch", heißt es dann (unwillkürlich oder einer fremden Lenkung folgend?), greift Nathanael zu „Coppolas Perspektiv", und er richtet es nun nicht auf den erwähnten grauen Busch, sondern schaut (zufällig oder einem geheimen Zwang unterliegend?) „seitwärts", wo ihm Clara ins Blickfeld gerät – was einen erneuten, heftigen Wahnsinnsschub auslöst: Nathanael will „das Holzpüppchen" vom Turm herab in den Tod stoßen. Wieder einmal lässt die Erzählung in der Schwebe, inwieweit Nathanaels Agieren aus eigenem krankhaften Fehlverhalten (er ist eben wahnsinnig) oder aus dämonischer Fremdsteuerung (Coppolas Perspektiv bzw. die Präsenz des Coppelius) resultiert.

- Nachdem Clara von ihrem Bruder Lothar gerettet worden ist, bleibt der wahnsinnig rasende und springende und „Feuerkreis dreh dich" brüllende Nathanael auf dem Turm zurück – bis er des „riesengroß" auftauchenden Advokaten Coppelius gewahr wird (und zwar bloßen Auges, ohne Zuhilfenahme des Perspektivs) und sich mit „gellendem Schrei" bzw. mit dem Coppola-Zitat „Sköne Oke, Sköne Oke" zu Tode stürzt. Der Schlusspunkt der Erzählung scheint erreicht, es folgt aber noch ein Absatz.

**Zu 3:** Zwei abschließende Sätze zur glücklichen Zukunft Claras
- Clara hat geheiratet und hat „zwei muntre Knaben". Sie wohnt „in einer entfernten Gegend", also nicht auf dem „Gütchen in einer angenehmen Gegend unfern der Stadt" (S. 36, Z. 5 f.), das sie mit Nathanael bezogen hätte.
- Dort mag sie das „ruhige häusliche Glück" gefunden haben, das ihr der „im Innern zerrissene Nathanael niemals hätte gewähren können".

## Verhalten der Personen, Motivik, Erzählweise

1. Zum Verhalten der Personen
- **Coppelius:** Wie aus dem Nichts taucht er plötzlich auf, „riesengroß". Wieder einmal scheint er über ein dämonisches Mehrwissen zu verfügen, das sich in zynischem Lachen artikuliert: „Ha ha – wartet nur, der kommt schon herunter von selbst" (S. 37, Z. 24 f.). Und ebenso plötzlich, wie er kam, ist er dann „im Gewühl verschwunden".
- **Nathanael:** Sein Rückfall in den Wahnsinn, sein gewalttätiges, menschengefährdendes Rasen, sein brüllendes Lachen und seine „Holzpüppchen"- und „Feuerkreis"-Schreie sind die in großen Teilen wortgetreue Kopie seines ersten Wahnsinnsausbruchs in Spalanzanis Treppenhaus.
- **Clara:** So wie sie einst mit „falschem" Stichwort und „falschem" Kommentar arglos ein schweres Zerwürfnis auslöste, das beinahe zum Duell zwischen Nathanael und Lothar geführt hätte (vgl. S. 23 f.), so führt Clara auch hier ungewollt die Katastrophe herbei. Die verständige, heitere, souveräne Lenkerin des Geschehens wird zum ohnmächtigen Opfer, das gerade noch gerettet werden kann.

2. Zur Motivik
- „Zur Mittagsstunde" steigen Clara und Nathanael auf den Turm, und „mittags um 12 Uhr" geschah „das Entsetzliche", von dem Nathanael in seinem ersten Brief berichtete (dass nämlich der „Wetterglashändler" Coppola in seine Stube trat).
- Der „sonderbare kleine graue Busch", auf den Clara aufmerksam macht, mag Nathanael an seine Kinderzeit erinnern, nämlich an das Auftreten des Coppelius im „aschgrauen Rocke, ebensolcher Weste und gleichen Beinkleidern" (S. 7, Z. 10 f.).

- Die entscheidende Rolle, die in der Turmszene dem „Perspektiv" eingeräumt wird, verweist einmal mehr auf das Leitmotiv des *Sandmanns* schlechthin (Auge, Blick, Sehen).
- In diesen Bereich gehört auch das Coppola-Zitat „Sköne Oke – Sköne Oke" (S. 24 f.), mit dem sich Nathanael in den Tod stürzt.
- Die Wahnsinnsschreie Nathanaels vom „Holzpüppchen" und vom „Feuerkreis" haben vielfache Entsprechungen im Gefüge der Erzählung. Zum einen handelt es sich um eine zitierende Wiederholung der ersten Wahnsinnsszene in Spalanzanis Treppenhaus, zum anderen ist von der tatsächlichen bzw. behaupteten Puppenhaftigkeit Olimpias und Claras mehrmals die Rede. Darüber hinaus war das „Feuerkreis"-Motiv bereits Bestandteil von Nathanaels Gedicht (vgl. S. 21).

3. Zur Erzählweise

- Das beglückende Familientableau. Der auktoriale Erzähler breitet in ruhigem Sprachduktus seine Informationen aus. Er rückt die Begleitumstände ins Licht, er kennt die Personen, ihre Pläne und Empfindungen. Als sei er Ohrenzeuge gewesen, zitiert er Nathanael in wörtlicher Rede.
- Die Katastrophe auf dem Turm. Die Erzählung nimmt Tempo auf, die Sätze sind überwiegend parataktisch gebaut, viele Gedankenstriche markieren die Hektik und Dramatik des Geschehens; das Tempus verliert seinen Vergangenheitscharakter, die Handlungsfolge wird als gegenwärtig erlebbar. Nach der Errettung Claras nimmt der Erzähler das Tempo zurück, das Stakkato der Bewegungsverben kommt zum Erliegen, das Fazit klingt ruhig und gefasst: „Als Nathanael mit zerschmettertem Kopf auf dem Steinpflaster lag, war Coppelius im Gewühl verschwunden."
- Clara und ihr „ruhiges häusliches Glück". Der Erzähler hat sich verabschiedet. Er teilt lediglich mit („will man [...] gesehen haben", „Es wäre daraus zu schließen"), was er vom Hörensagen mitbekommen hat. So endet die Erzählung, die erzählerlos begann (nämlich mit den drei „authentischen" Briefen), mit einem Erzähler, der hinter fremden Aussagen ungewisser Herkunft verschwindet.

## Zu Bedeutung und Funktion des letzten Absatzes

Die Erzählung will nicht mit dem düsteren Bild von „Nathanael mit zerschmettertem Kopf auf dem Steinpflaster" sowie mit dem Entschwinden des Coppelius enden, sondern lenkt über in die Idylle um Clara. Aber der Erzähler verbürgt die Idylle nicht selbst, und ist sie nicht auch zu schön, zu vollkommen, zu märchenhaft geraten? Wird sie gar ironisiert?

- Die einen Leser, die immer schon mit Clara sympathisierten, werden den Schlussabsatz befriedigt zur Kenntnis nehmen: In der Welt der „Normalen" ist ein irdisches Glück also durchaus möglich (Hand in Hand mit dem freundlichen Ehepartner dem Spiel der eigenen Kinder vor dem schönen Landhaus zusehen).

- Die anderen Leser, die sich mehr an Nathanael oder zumindest am Erzähler orientierten, werden der Idylle misstrauen und hier eher spießbürgerlich-bornierte Beschränktheit und Enge wahrzunehmen glauben.
- Der Schlussabsatz verweigert insofern – wie die Erzählung vom *Sandmann* insgesamt – jede Eindeutigkeit des Verstehens.

# 6 Die fehlende Erotik in E.T.A. Hoffmanns Erzählung

## Textvorlage

Franz Fühmann: [Über die jungen Mädchen im Werk E.T.A. Hoffmanns]

„Hat man bemerkt, daß die Hoffmannsche Zunft der jungen Mädchen, diese Antipoden der ja auch gut bürgerlichen Lottchen, Klärchen, Gretchen und Käthchen, die von Marx definierte Bourgeoisie im Idealzustand ist? Sie, die – siegreich in Frankreich, längst waltend in England – sich in deutschen Landen jener Zeit durchaus noch nicht einmal ökonomisch, geschweige denn politisch durchgesetzt hat, beherrscht in diesen Gören den Alltag, und auf eine Weise, die ihr als Klasse stets mangeln muß: liebenswert. – Welcher Charme des eiskalten Egoismus, welche Anmut banausischen Krämergeistes, welche Kokettheit gesunden Menschenverstandes, welche Arabeske der Einlinigkeit! Und doch – und das heißt: deswegen – ist es fast unmöglich, sie, deren Sinn doch nur aufs Heiraten zu stehn scheint, sich *auch* nur auch als das zu denken, was den Klärchen und Gretchen so unabdingbar Natur ist: als junge Frauen mit Sexualität und erotischer Aura. – Sie denken bei ihren Heiratsplänen nicht an den Mann, sondern an dessen Karriere; sie wollen nicht so sehr unter die Decke als unter die geschmückteste Haube und nehmen, daß die Nachbarin vor Neid platze, dann auch das Bett so entschlossen in Kauf wie die Hexe und den blausprühenden Kater. – Wer malte sich Fräulein Veronika Paulmann mit Gretchens Lied am Spinnrocken aus, und wer wollte eine Entscheidung wagen, ob man das bedauern oder bejahen soll? – ‚Und küssen ihn / So wie ich wollt / An seinen Küssen / Vergehen sollt!' – Oder Philine: ‚Und wenn ich dich lieb habe, was geht's dich an?' – Ach, doch bedauern, sie wie ihn. – Nein, die vergehen nicht an des Geliebten Küssen, aber sie lassen auch keinen Mann an ihren Küssen vergehn. – Ach, diese zauberhaften Entzauberer, diese liebenswerten Entwerter der Liebe, sie sind ja Gespenster, und doch Alltagswesen, langbeinig und mit Wimpernprothesen, und selbstverständlich physisch vollkommen, und selbstverständlich aufgeklärt. – Noch keine Berufsfeministinnen, das macht den Vorzug wie auch den Nachteil ihres Charmes. Sie sind die Erzeuger der Sehnsucht nach etwas, das sie ihrem Wesen nach nicht sind, auch darin repräsentieren sie die Frühzeit der bürgerlichen Gesellschaft, und in diesem einen Zug nicht nur die des Bürgertums. – Idealinkarnationen der praktischen Vernunft, aber denkt man sie zu Ende, heißt ihre Königin Olimpia. – Die Gesellschaft der Programmierten. – Doch nicht die Automatin ist das Schauerliche, sondern daß sich einer bis zum Wahnsinn in sie verliebt.

Freilich: Er braucht dazu eine besondere Brille.

Franz Fühmann, *Fräulein Veronika Paulmann aus der Pirnaer Vorstadt* oder *Etwas über das Schauerliche* bei E.T.A. Hoffmann [1979], München: Deutscher Taschenbuch Verlag, 1984 (dtv 10217), S. 103 f.

## Anmerkung

Franz Fühmann nennt verschiedene Frauenfiguren der deutschen Literatur mit Namen: Lottchen aus Goethes *Werther*-Roman, Klärchen aus Goethes Trauerspiel *Egmont*, Gretchen aus Goethes *Faust*, Käthchen aus Kleists Drama *Das Käthchen von Heilbronn*, Philine aus Goethes Roman *Wilhelm Meisters Lehrjahre*. Der Kenntnis dieser Figuren bzw. Werke bedarf es indes nicht, um den Text zu verstehen. Unerheblich ist ferner, dass Fühmann aus E.T.A. Hoffmanns Werk neben Olimpia aus dem *Sandmann* lediglich Veronika Paulmann aus dem Kunstmärchen *Der goldne Topf* namentlich erwähnt. Die Aussagen über die Mädchenfiguren bei E.T.A. Hoffmann allgemein sollen als Anlass dienen, über die Figur der Clara zu reflektieren.

## Aufgabe

- Arbeiten Sie die wesentlichen Thesen des Textes über die Mädchenfiguren E.T.A. Hoffmanns heraus.
- Erörtern Sie, ob und inwieweit sie auf Clara übertragbar sind.
- Erläutern und begründen Sie abschließend, wie es in Hinblick auf Eros und Sexus um Nathanael bestellt ist.

## Wesentliche Thesen der Textvorlage

- In der bürgerlichen Gesellschaft treten die Individuen als Privatpersonen mit ihren egoistischen Absichten auf. Noch bevor dies wie in England und Frankreich auch in Deutschland zur ökonomischen und politischen Realität hat werden können, erscheine dieser Prozess bereits in E.T.A. Hoffmanns Mädchenfiguren vorweggenommen: diese repräsentieren insofern „die von Marx definierte Bourgeoisie im Idealzustand".
- Bestimmte Charaktereigenschaften des Bourgeois – eiskalter Egoismus, banausischer Krämergeist, gesunder Menschenverstand, Konsequenz und Zielstrebigkeit – wirken bei den Mädchenfiguren allerdings auch „liebenswert", da sie sich in ihnen mit Charme, Anmut, Koketterie verbinden.
- E.T.A. Hoffmanns Bürgermädchen suchen ihre Selbstverwirklichung in der Ehe, wo sie an der Karriere des Mannes partizipieren wollen.
- Von den doch ebenfalls bürgerlichen Mädchen in den Werken Goethes und Kleists unterscheide sie, dass ihnen jegliche Sinnlichkeit und erotische Aura fehle, dass sie statt von Sehnsucht und Hingabe immer nur von „praktischer Vernunft" gelenkt seien.
- E.T.A. Hoffmanns Bürgermädchen handeln im Grunde programmiert und automatenhaft, und „denkt man sie zu Ende, heißt ihre Königin Olimpia" – in dem Maße zumindest, wie sie „Sehnsucht nach etwas [erwecken], was sie ihrem Wesen nach nicht sind."

– „Schauerlich“ sei indes nicht die Automatin als solche, sondern – wie Fühmann mit deutlichem Bezug auf die Nathanael-Olimpia-Konstellation im *Sandmann* formuliert – „daß sich einer bis zum Wahnsinn in sie verliebt“, wozu es freilich „einer besonderen Brille“ bedürfe.

## Inwieweit gelten Fühmanns Thesen auch für Clara?

– Dass Clara und Nathanael von Kindheit an, als sie wie Geschwister in einem Haus zusammen aufwuchsen, „eine heftige Zuneigung“ zueinander entwickelt haben, ihr vertrautes Verhältnis auch in Zukunft fortsetzen wollen und sich deshalb verlobt haben (S. 18), ist verständlich – ein Beweis erotischer Bindung ist es noch nicht. Vielleicht fügen sich beide nur dem, was „man“ von ihnen erwartet?
– „Mein herzgeliebter Nathanael“ oder „mein Inniggeliebter“ – so lauten Claras Anreden im Brief an den Verlobten (S. 11 f.). Aber ist das nun die Sprache des Herzens oder ein Griff in den rhetorischen Fundus? Immerhin weist die Erzählung keine einzige Szene erotischer Nähe zwischen Clara und Nathanael auf, nie kommt es zu Umarmung oder Kuss.
– Clara versteht sich als Nathanaels „Schutzgeist“ (S. 14). Mit ihrer Vernunft, ihrer Heiterkeit und ihrem Lachen will sie ihn vor den bedrohlichen Gespenstern seines Innern bewahren. Das ist eine schöne und sympathische Haltung, die aber wiederum mehr mit Caritas als mit Eros zu tun hat.
– Der Erzähler vermerkt an einer Stelle (S. 19), dass Clara „von vielen“ – also nicht nur von Nathanael! – als „kalt, gefühllos, prosaisch gescholten“ wurde, doch fügt er sofort hinzu, dass „andere“ in ihr „das gemütvolle, verständige, kindliche Mädchen“ liebten. Wenn es aber stimmt, dass Clara einen ambivalenten Eindruck machen muss, so fällt es schwer, sie allein anhand der Thesen Fühmanns zu bewerten.
– Richtig ist, dass Clara nicht wahrhaben will, dass sie und Nathanael sich im Innern immer mehr voneinander entfernen (S. 21). Richtig ist auch, dass sie viel früher hätte begreifen müssen, dass jenes von ihr erstrebte „ruhige häusliche Glück“ (S. 37) niemals an der Seite des innerlich zerrissenen Nathanael gefunden werden kann. Strittig ist, ob man ihr deshalb ein automatenhaftes Festhalten am einmal gefassten Heiratsplan vorwerfen darf. Ist es nicht denkbar, dass sie wider ihre Erfahrungen und wider ihre Vernunft an eine glückliche Zukunft mit Nathanael glaubt: aus Treue und Liebe? (Vgl. S. 35: „‚nun bist du genesen von schwerer Krankheit – nun bist du wieder mein!‘ – So sprach Clara recht aus tiefer Seele und fasste den Nathanael in ihre Arme.“)
– Mögliches Fazit: Fühmanns These von der mangelnden Erotik der Hoffmann’schen Frauenfiguren trifft auch auf Clara zu. Die erwähnten bourgeoisen Charakterzüge gelten für sie mal mehr („Kokettheit gesunden Menschenverstandes“, „Anmut banausischen Krämergeistes“), mal weni-

ger bzw. gar nicht („eiskalten Egoismus“ findet man bei Clara nicht, eine zielgerichtete Heiratsstrategie verfolgt sie keineswegs). Für die behauptete Verwandtschaft Claras mit dem Automaten Olimpia lassen sich in der Erzählung vereinzelte Hinweise finden, aber ist die Zahl der Gegenbeweise nicht doch größer?

## Nathanaels Liebe zu Clara und zu Olimpia

- „Sexualität und erotische Aura“, die Fühmann bei der „Hoffmannschen Zunft der jungen Mädchen“ vermisst, sie lässt sich bei der Zunft der männlichen Künstlerfiguren dieses Autors erst recht nicht erkennen.
- Nathanaels Liebe zu Clara ist ebenso wie die zu Olimpia von einer idealisierenden Verklärung geprägt („holdes Engelsbild“ ist ihm die eine, S. 3, „himmlische Frau“ die andere, S. 29), die von erotischen Implikationen gänzlich frei ist.
- Liebe ist für ihn eine geistig-seelische Projektion, die er so lange aufrechterhalten kann, wie ihm das Liebesobjekt zurückstrahlt, was er in dieses hineinsieht.
- Ob und in welcher Intensität Nathanael die Ehe mit Clara wirklich will und anstrebt, bleibt höchst unklar. Viel zu sehr ist er davon überzeugt, dass der „widerwärtige Dämon auf entsetzliche Weise ihr Liebesglück stören werde“ (S. 20).
- Was Nathanael sucht, ist nicht eine Frau, die ihm als selbständiges weibliches Wesen zur Partnerin wird, sondern jemand, der totale Aufmerksamkeit, unbegrenztes Verständnis und Bewunderung für ihn hat und darin seine Erfüllung findet.
- In dieser Hinsicht kann weder Clara noch sonst eine wirkliche Frau mit der „Vollkommenheit“ des Automaten Olimpia konkurrieren. Wenn Nathanael sagt: „nur in Olimpias Liebe finde ich mein Selbst wieder“ (S. 31), so hat er auf grausige Weise recht damit. Nur der seelenlose Automat bietet dem Narziss Nathanael die Möglichkeit zu wahrhafter Liebe, nämlich der zu sich selbst.

## 7 Nathanael wird von Siegmund gerettet

### Textstelle:

S. 30, Z. 17 („'Tu' mir den Gefallen, Bruder', sprach eines Tages Siegmund") – S. 31, Z. 22 („er schüttelte daher die ihm dargebotene Hand recht herzlich.")

### Aufgabe

- Analysieren Sie das zwischen Nathanael und Siegmund geführte Streitgespräch über Olimpia vor allem in Hinsicht auf das Charakterporträt Siegmunds.
- Stellen Sie sich vor, dass nicht Lothar die Schwester errettet, sondern dass Siegmund in letzter Minute auf dem Turm eintrifft und den Freund vor Mord und Selbstmord bewahrt. Er beweist Nathanael, wie glücklich er sein könne, der Ehe mit Clara entflohen zu sein, legt dar, dass Coppelius eher ein lächerlicher denn wirklich unheimlicher „Schicksalspopanz" sei, klärt Nathanael über die Rollen auf, die beide als Figuren einer Erzählung E. T. A. Hoffmanns zugewiesen bekommen haben – und tritt mit ihm gemeinsam aus der Erzählung in eine andere Wirklichkeit hinaus.
  Wie weit Sie bei der Gestaltung dieses Hinaustretens gehen wollen, bleibt Ihrer Phantasie überlassen. (Die beiden Kunstfiguren könnten sich ins Werk anderer Autoren schmuggeln, z. B. wie Eichendorffs „Taugenichts" nach Italien reisen, oder auch den direkten Kontakt zum Leser – oder noch besser: zu einer Leserin – suchen, etwa so, wie in Woody Allens *Purple Rose of Cairo* die männliche Filmfigur ins Leben der Zuschauerin eintritt, oder einen ganz anderen Weg einschlagen.) – Entscheidend ist, dass Ihr eigener Text den interpretierenden Bezug auf Personen und Motive des *Sandmanns* nicht verliert.

### Kurzanalyse des Streitgesprächs und Charakteristik Siegmunds

- In der Einschätzung Olimpias stehen sich die Auffassungen der Freunde diametral und unvereinbar gegenüber: Auf Siegmunds weniger vorwurfsvolle denn besorgte und um Verständnis suchende Frage, wie ein vernünftiger Kerl sich denn bloß in ein „Wachsgesicht", eine „Holzpuppe" verlieben könne, antwortet Nathanael mit dem Verweis auf „Olimpias himmlische[n] Liebreiz".
- Für Siegmund – und, wie er nicht zu erwähnen vergisst, auch viele andere – sei Olimpia „starr und seelenlos", vor allem ihr Blick „so ganz ohne Seelenstrahl", ja, sie wirke „unheimlich" und wecke den Verdacht, „als tue sie nur so wie ein lebendiges Wesen".

- Nathanael antwortet darauf mit seinem Standardvorwurf, den er all denjenigen macht, die nicht wie er über ein „poetisches Gemüt" verfügten: Er zählt Siegmund zu den „kalten prosaischen Menschen", die vieles eben nicht verstehen könnten, was nur ihm allein erfahrbar sei („nur mir ging ihr Liebesblick auf", „nur in Olimpias Liebe finde ich mein Selbst wieder").
- Siegmund ist offen und ehrlich, er vertritt die eigene Meinung mit deutlichen Worten, ohne dem Freund nach dem Mund zu reden. Gleichwohl ist seine Gesprächsführung flexibel, nimmt auf die Gefühle Nathanaels Rücksicht („lenkte geschickt ein", spricht „sehr sanft, beinahe wehmütig") und lässt am Fortbestehen der Freundschaft keine Zweifel („Auf mich kannst du rechnen").
- Siegmund besitzt all die positiven Eigenschaften, die man von einem wahren Freund nur erwarten kann. Daher endet dieses Streitgespräch auch völlig anders als jenes, das Nathanael einst mit dem rechthaberisch-aufbrausenden Lothar führte: Während damals ein Duell unvermeidlich schien, gelangt Nathanael jetzt zu der Einsicht, dass „der kalte prosaische Siegmund es sehr treu mit ihm" meine, und die Szene endet mit einem die Freundschaft bekräftigenden Händedruck.

## Siegmund und Nathanael treten aus der Erzählung in eine andere Wirklichkeit hinaus

- Relativ leicht könnte es Siegmund gelingen, Nathanael davon zu überzeugen, dass er an Claras Seite niemals hätte glücklich werden können. Er brauchte dazu nur Nathanaels Vorbehalte gegenüber dem Aufklärungsautomaten Clara zu reaktivieren oder könnte den Schlussabsatz der Erzählung übernehmen, aber eben („Willst du solch eine Zukunft wirklich?") als Schreckensbild.
- Auch müsste es ihm möglich sein („Da ist er schon wieder, der Graue, und tut mächtig unheimlich!"), die Figur des Coppelius zu entdämonisieren und dessen Coppola-Maskerade als Schmierentheater zu entlarven.
- Siegmund will aber noch mehr („Komm, schau doch mal durch meine Brille!"): Er erläutert Nathanael die Rollenhaftigkeit ihrer bisherigen Existenz. Beide seien sie bisher nur Holzpüppchen E. T. A. Hoffmanns gewesen, der sie in seiner Erzählung *Der Sandmann* habe agieren lassen. Nachdem Siegmund dem staunenden Freund verraten hat, welches Ende für ihn vorgesehen war, sieht auch dieser die Notwendigkeit, das Spiel zu verlassen und in eine selbstbestimmte Wirklichkeit überzutreten.

- Der über sein eigenes Verhalten nachdenkende Nathanael findet darin jetzt selbst viel Wunderliches und Fremdbestimmtes. Insbesondere leuchtet ihm Siegmunds Rat ein, sich nach einer lebendigen Frau umzusehen, denn als von E.T.A. Hoffmann gelenkter Automat habe er bislang immer nur einer so genannten Künstlerliebe folgen dürfen, deren Sehnsuchtsziel eine idealisierte Muse und willige Zuhörerin ist.
- Und so, wie E.T.A. Hoffmann der Figur des Erzählers gestattet hatte, mit überraschender Anrede an den Leser aus dem Erzählzusammenhang herauszutreten, so könnte Nathanael sich jetzt mit schmeichelnder und werbender Rede an die Leserinnen wenden.
- Vielleicht ist es sogar unerlässlich („Komm ins Offene, Freund!"), die deutsche Kleinstadtwirklichkeit der Claras und Lothars und Teegesellschaften weit hinter sich zu lassen, um in London oder Paris oder Italien ein freieres Leben zu suchen.

# 8 Der Blick auf die marmorne Venus

## Textvorlage

Joseph von Eichendorff: [Florios Blick auf das marmorne Venusbild]

„So in Gedanken schritt er noch lange fort, als er unerwartet bei einem großen, von hohen Bäumen rings umgebenen Weiher anlangte. Der Mond, der eben über die Wipfel trat, beleuchtete scharf ein marmornes Venusbild, das dort dicht am Ufer auf einem Steine stand, als wäre die Göttin soeben erst aus den Wellen aufgetaucht, und betrachte nun, selber verzaubert, das Bild der eigenen Schönheit, das der trunkene Wasserspiegel zwischen den leise aus dem Grunde aufblühenden Sternen widerstrahlte. Einige Schwäne beschrieben still ihre einförmigen Kreise um das Bild, ein leises Rauschen ging durch die Bäume ringsumher. Florio stand wie eingewurzelt im Schauen, denn ihm kam jenes Bild wie eine langgesuchte, nun plötzlich erkannte Geliebte vor, wie eine Wunderblume, aus der Frühlingsdämmerung und träumerischen Stille seiner frühesten Jugend heraufgewachsen. Je länger er hinsah, je mehr schien es ihm, als schlüge es die seelenvollen Augen langsam auf, als wollten sich die Lippen bewegen zum Gruße, als blühe Leben wie ein lieblicher Gesang erwärmend durch die schönen Glieder herauf. Er hielt die Augen lange geschlossen vor Blendung, Wehmut und Entzücken.
Als er wieder aufblickte, schien auf einmal alles wie verwandelt. Der Mond sah seltsam zwischen Wolken hervor, ein stärkerer Wind kräuselte den Weiher in trübe Wellen, das Venusbild, so fürchterlich weiß und regungslos, sah ihn fast schreckhaft mit den steinernen Augenhöhlen aus der grenzenlosen Stille an. Ein nie gefühltes Grausen überfiel da den Jüngling. Er verließ schnell den Ort, und immer schneller und ohne auszuruhen eilte er durch die Gärten und Weinberge wieder fort, der ruhigen Stadt zu; denn auch das Rauschen der Bäume kam ihm nun wie ein verständiges, vernehmliches Geflüster vor, und die langen gespenstischen Pappeln schienen mit ihren weitgestreckten Schatten hinter ihm dreinzulangen.
So kam er sichtbar verstört in der Herberge an. Da lag der Schlafende noch auf der Schwelle und fuhr erschrocken auf, als Florio an ihm vorüberstreifte. Florio aber schlug schnell die Tür hinter sich zu und atmete erst tief auf, als er oben sein Zimmer betrat. Hier ging er noch lange auf und nieder, ehe er sich beruhigte. Dann warf er sich aufs Bett und schlummerte endlich unter den seltsamsten Träumen ein."

Joseph von Eichendorff, *Das Marmorbild* [1819], in: J. von E., *Werke in fünf Bänden*, München: Winkler, 1970–88, Bd. 2, S. 526–564 (Textauszug S. 536 f.).

## Anmerkung

Die verführerische Gewalt weiblicher Schönheit ist ein häufiges Motiv der romantischen Literatur (vgl. z.B. das Lorelei-Motiv oder die „Tannhäuser"-Versionen bis hin zu Richard Wagner). In Eichendorffs Novelle geht es darum, wie die alte heidnische Welt in der Gestalt der unheimlich zum Leben erwachenden marmornen Venus den jungen Florio verlocken und verführen will. Dieser kann jedoch der sinnlichen Versuchung widerstehen. Da er zum Gebet Zuflucht nimmt, besiegt er mit christlicher Haltung auch den Dämon im eigenen Innern.
Der Kenntnis dieses skizzierten Zusammenhangs bedarf es aber nicht, um den Text zu verstehen, in dem Florios erste Begegnung mit dem Marmorbild erzählt wird.

## Aufgabe

Analysieren und interpretieren Sie die Textstelle aus Eichendorffs *Marmorbild*.

- Arbeiten Sie die Parallelen heraus zwischen Florios Blick auf das marmorne Venusbild und Nathanaels Blick durch das Perspektiv auf Olimpia.
- Erläutern Sie aber auch, welche Unterschiede bei dem Vergleich zu beachten sind.

## Kontext und Aufbau

Der junge Dichter und Sänger Florio ist auf Reisen. Er hat Begegnungen und Erlebnisse, die in ihm nachklingen und ihn nicht einschlafen lassen. Mitten in der Nacht verlässt er seine am Stadtrand von Lucca gelegene Herberge, wandert durch die Weingärten ins Freie, singt ein Lied. – An dieser Stelle setzt der Textauszug ein, der sich in zwei Abschnitte gliedern lässt:

1. (Z. 1–15): Das Marmorbild scheint bei Florios längerem Hinsehen an Leben zu gewinnen.
2. (Z. 16–31): Der zweite Blick trifft nur noch auf die „steinernen Augenhöhlen" der Venus, was Florios Entsetzen und Flucht auslöst.

**Zu 1**: Wie das marmorne Venusbild für Florio allmählich zum Leben erwacht

- Im Mondeslicht entfaltet sich die nächtliche Schönheit eines Natur-Szenarios (Weiher, Schwäne, leises Baumesrauschen), in das sich „dicht am Ufer" das Marmorbild als schönes Kunstwerk harmonisch einfügt.
- Der Standort des Marmorbildes erlaubt dem Erzähler in konjunktivischer Als-ob-Wendung dezente Hinweise auf die griechische Mythologie, und zwar auf Aphrodite, die Schaumgeborene („als wäre die Göttin soeben erst

aus den Wellen aufgetaucht"), die überraschend mit dem Narziss-Mythos in Verbindung gebracht wird (als betrachte sie nun im Wasserspiegel „selber verzaubert, das Bild der eigenen Schönheit").

- Dem „eingewurzelt im Schauen" verharrenden Florio kommt das Venusbild nun keinesfalls wie die unerreichbare, weil göttliche, Inkarnation von Frauenschönheit vor; Venus erscheint ihm vielmehr „wie eine langgesuchte, nun plötzlich erkannte Geliebte". In ihr glaubt er des Sehnsuchtsziels eines deutschen Romantikers schlechthin ansichtig zu werden, einer „Wunderblume, aus der Frühlingsdämmerung und träumerischen Stille seiner frühesten Jugend heraufgewachsen" (vgl. die „Blaue Blume" bei Novalis, im Anfangskapitel des *Heinrich von Ofterdingen*).
- „Je länger er hinsah", desto mehr verstärkt sich seine Wahrnehmung, dass die Figur zum Leben erwache (was der Erzähler wiederum mit konjunktivischen Als-ob-Wendungen sowie mit dem Stilmittel der Synästhesie veranschaulicht: „als blühe Leben wie ein lieblicher Gesang erwärmend durch die schönen Glieder herauf").
- Dann aber schließt Florio seine Augen „vor Blendung, Wehmut und Entzücken", d. h., er überlässt sich ganz dem inneren Bild.

**Zu 2:** Wie das marmorne Venusbild auf Florio plötzlich so schrecklich anders wirkt

- „Als er wieder aufblickte, schien auf einmal alles wie verwandelt." In Wirklichkeit hat sich gar nichts verändert, aber Florio kommt jetzt alles anders vor. Warum? Es muss damit zu tun haben, dass er zuvor „die Augen lange geschlossen" hielt, um in die Bildwelt der eigenen Sehnsucht abzutauchen. Nun, auf den zweiten Blick, kann er diese in der Venus-Statue nicht mehr wiederfinden. Wo es ihm eben noch schien, „als schlüge es [das Marmorbild] die seelenvollen Augen langsam auf", da scheint es ihm nun, als sehe es „ihn fast schreckhaft mit den steinernen Augenhöhlen" an.
- Nicht nur das Marmorbild, auch die Natur kommt Florio nun feindlich und bedrohlich vor, und er flieht an einen bergenden Ort. Erst im Zimmer seiner Herberge findet er Sicherheit und Ruhe.

## Die Parallelen zwischen Florios und Nathanaels Blick

- Ein phantasiebegabter junger Mann wird durch den Anblick der himmlisch schönen, doch unbelebten Frauenfigur (Venus bzw. Olimpia) derart in den Bann geschlagen, dass er „wie eingewurzelt" (Florio) bzw. „wie festgezaubert" (Nathanael) im Schauen verharrt.
- In beiden Fällen entwickelt sich die Wahrnehmung als ein sich allmählich intensivierender Prozess („je länger er hinsah" bzw. „wie er immer schärfer und schärfer durch das Glas hinschaute"), in dem die in den Blick geratene Frauenfigur zu einem Sehnsuchtsobjekt wird, dessen Augen eigenständig

zurückzustrahlen scheinen, was emotionale Erregtheit in sie hineinprojiziert.

- Dieser Wahrnehmungsprozess wird vom Erzähler jeweils mit Hilfe einer gehäuften Folge von „Es schien ihm, als ob"-Wendungen sowie Synästhesien veranschaulicht.
- In beiden Erzählungen schlägt die Verzauberung des Helden in Entsetzen bzw. einen Wahnsinnsschub um, wenn statt der „seelenvollen Augen" der Venus oder der himmlischen Augen seines „Liebessterns" für Florio wie Nathanael plötzlich nur noch die leeren Augenhöhlen zu sehen sind. (Wobei übrigens erwähnenswert ist, dass als Liebesstern gemeinhin die Venus bezeichnet wird; sie ist der nach Sonne und Mond hellste Stern unseres Firmaments.)

## Die Unterschiede der Motivgestaltung bei Eichendorff und E.T.A. Hoffmann

- Im *Sandmann* fehlt völlig die Natur als Mitspieler des Geschehens, im *Marmorbild* spielt sie durchaus eine Rolle. Fast unmerklich sorgt sie für eine leichte Verschiebung der Orientierung, für eine Vertauschung von oben und unten, wenn im Wasserspiegel des Weihers „die aus dem Grunde aufblühenden Sterne" sichtbar werden. Und die Choreographie der Schwäne, die ihre „einförmigen Kreise" still um das Venusbild herumziehen, passt nur allzu gut zu der narzisstisch-sterilen Aura, die der antiken Göttin hier zugeschrieben wird. In der Wahrnehmung des entsetzten Florio schließlich werden Mond, Wind, Bäume immer bedrohlicher.
- Florio flieht aus der Natur in die Sicherheit der Herberge zurück und findet in seinem Zimmer endlich Ruhe. Einen solchen Fluchtort besitzt Nathanael nicht, im Gegenteil! Der Zufall oder das Arrangement der feindlichen Macht hat ihm ein Zimmer beschert, das dem Zimmer Olimpias genau gegenüberliegt: die unheilvolle Versuchung bleibt somit auf Dauer präsent.
- Vor allem aber muss die Gefährdung Florios im Vergleich zu der Nathanaels als deutlich geringer erscheinen: Er kann, wenn er will, die Augen schließen, und er hat die Kraft, zwischen innerem Bild und Wirklichkeit zu unterscheiden. Nathanael hat weder diese Fähigkeit noch diese Kraft – sei es, dass es ihm an seelischer Gesundheit mangelt, sei es, dass ihn die feindliche äußere Macht mittels des Perspektivs manipuliert und überwältigt.

# Stichwortverzeichnis

**Bertolt Brecht**
**Der gute Mensch von Sezuan**
ISBN 978-3-12-923033-6

**Bertolt Brecht**
**Leben des Galilei**
ISBN 978-3-12-923034-3

**Friedrich Dürrenmatt**
**Der Besuch der alten Dame**
ISBN 978-3-12-923054-1

**Georg Büchner**
**Dantons Tod**
ISBN 978-3-12-923041-1

**Georg Büchner**
**Woyzeck**
ISBN 978-3-12-923005-3

**Friedrich Dürrenmatt**
**Die Physiker**
ISBN 978-3-12-923035-0

**Theodor Fontane**
**Effi Briest**
ISBN 978-3-12-923029-9

**Max Frisch**
**Andorra**
ISBN 978-3-12-923037-4

**Max Frisch**
**Homo faber**
ISBN 978-3-12-923061-9

**Johann Wolfgang von Goethe**
**Faust – Erster Teil**
ISBN 978-3-12-923063-3

**Johann Wolfgang von Goethe**
**Iphigenie auf Tauris**
ISBN 978-3-12-923062-6

**Peter Stamm**
**Agnes**
ISBN 978-3-12-923072-5

**Johann Wolfgang von Goethe**
**Die Leiden des jungen Werther**
ISBN 978-3-12-923006-0

**Gerhart Hauptmann**
**Die Ratten**
ISBN 978-3-12-923049-7

**Franz Kafka**
**Der Proceß**
ISBN 978-3-12-923023-7

**Heinrich von Kleist Michael Kohlhaas**
ISBN 978-3-12-923024-4

**Heinrich von Kleist**
**Die Marquise von O. / Das Erdbeben in Chili**
ISBN 978-3-12-923055-8

**Heinrich von Kleist**
**Prinz Friedrich von Homburg**
ISBN 978-3-12-923056-5

**Wolfgang Koeppen Tauben im Gras**
ISBN 978-3-12-923051-0

**Gotthold Ephraim Lessing**
**Emilia Galotti**
ISBN 978-3-12-923011-4

**Gotthold Ephraim Lessing**
**Nathan der Weise**
ISBN 978-3-12-923068-8

**Liebeslyrik**
ISBN 978-3-12-923031-2

**Franz Kafka**
**Die Verwandlung**
ISBN 978-3-12-923077-0

**Lyrik der Nachkriegszeit 1945 – 1960**
ISBN 978-3-12-923013-8

**Thomas Mann**
**Buddenbrooks**
ISBN 978-3-12-923058-9

**Thomas Mann**
**Mario und der Zauberer / Tonio Kröger**
ISBN 978-3-12-923059-6

**Robert Musil**
**Die Verwirrungen des Zöglings Törleß**
ISBN 978-3-12-923042-8

**Neue Sachlichkeit**
ISBN 978-3-12-923052-7

**Friedrich Schiller**
**Don Karlos**
ISBN 978-3-12-923044-2

**Friedrich Schiller**
**Kabale und Liebe**
ISBN 978-3-12-923065-3

**Friedrich Schiller**
**Maria Stuart**
ISBN 978-3-12-923047-3

**Friedrich Schiller**
**Die Räuber**
ISBN 978-3-12-923026-8

**Bernhard Schlink**
**Der Vorleser**
ISBN 978-3-12-923009-1

**Patrick Süskind**
**Das Parfum**
ISBN 978-3-12-923019-0

**Joseph Roth**
**Hiob**
ISBN 978-3-12-923076-3